A Biker's Diary

Stefan Danowski

Mit freundlicher Unterstützung der Teamgenossen
und

www.stevensbikes.com   www.jeantex.com

Taschenbuchausgabe
April 2003
© Stefan Danowski
Umschlag Gestaltung: Barbara Jenik
Herstellung: Books on Demand GmbH
Printed in Germany ISBN 3-8330-0348-0

1. Einleitende Ausflüchte

Manche Dinge ergeben sich einfach. So waren diese zum Buch gewordenen Aufzeichnungen nie geplant, sondern im Trainingslager auf der Suche nach Entspannung, einfach begonnen. Wenn man schon wöchentliche Berichte über ein Mountainbike-Rennteam schreibt, dann liegt es nahe, eine komplette Saison über das Team zu berichten. Wir schreiben also das Jahr 2002 und das Stevens-Jeantex-Team zog aus, um sich in Deutschland als das Top-Team zu behaupten und in der Weltspitze einen bleibenden Eindruck zu hinterlassen.

Wer nun denkt, er bekomme hier ein Tagebuch geboten, in dem alle Einzelheiten des Trainings von A bis Z belegt sind, der wird eventuell enttäuscht sein, denn gebündelte EXCEL-Listen mit schicken Zahlen sind nur was für Statistiker. Im Anhang gibt es dennoch einige aussagekräftige Trainingspläne.

Meine Leben zwischen Leistungssport und Beruf, der Ausgleich zwischen Kann und Muss, wird hiermit der Nachwelt aus meiner Sicht zugänglich gemacht. Dabei steht die Selbstironie und das Herziehen über Leidensgenossen stets im Vordergrund. Neben dem Spaß, der eigentlich mein Leben bestimmt, haben der Ernst und die harte Selbstdisziplin beim Radsport natürlich auch ihren Platz.

Weisheiten aus Dano's täglichen Auf und Ab sind hervorragend zur Nachahmung geeignet, wenn man den Drang zur Selbstzerstörung oder zu viel Zeit hat. Unser Arbeitslosen-Chefstatistiker Gerster wäre somit gut beraten, dieses Werk zu studieren und die arbeitsschaffende Maßnahme Mountainbiking großflächig einzuleiten. Um fachfremden Lesern zu helfen, sind im Anhang einige Dinge sowie Personen definiert.

Stefan Danowski und das Team 2002

Wie alles begann

Das Leben war mal angenehm und so schön einfach. Am Wochenende zog es mich nach Sütel an die deutsche Ostseeküste. Da saß man locker beim Grillen mit Freunden und wartete auf den richtigen Wind zum Surfen. Wenn dann mal Wind und Wochenende zusammenfielen, wurden aber so richtig die Wellen zerschreddert und heiße Loopversuche ins kalte Nass gezaubert.

In der kalten Winterzeit ballerte ich mit Volleyballern Volleybälle. Hier nahm ich sogar eine Vereinsmitgliedschaft in Kauf, die mir den ersten Titel des Hamburger Meisters C-Jugend einbrachte. Ferner verhalf mir mein Volleyballgeschick zu netten Reisen zu den Bundesjugendspielfinals in Berlin (damals noch West). Easy war auch die praktische Prüfung beim Abi, weil ich natürlich Volleyball gewählt hatte. Satte 15 Punkte räumte ich damals ab, verrechnet mit den 3 Punkten aus der mündlichen Prüfung relativierte sich leider das Ergebnis.

Plötzlich in Jahr 1986 erschien dieses MTB in Deutschland. Technik, die begeisterte und mich schon bald in ihren Bann zog. Schon früh erkannte die eingefleischte Surfclique den Coolnessfaktor und die Nützlichkeit dieses Sportgerätes. So konnte man wesentlich schneller hinter den Deich schauen, ob der Wind ausreicht oder man doch Federball spielen sollte.

Nach zähem Ringen mit meinen Sponsoren Mama & Papa stand dann Weihnachten ein schwarzes, geiles Fuji-MTB unter dem Tannenbaum. Mann, war ich stolz am nächsten Tag, als der erste Ritt ins Niendorfer Gehege ging und Speedlimits nicht mehr zu existieren schienen. Die Wochenenden an der Ostsee wurden auch sportlicher, da wir alle so ein Teil besaßen und jeden Trick aus der neuen BIKE, dem Gegenstück zur SURF, ausprobierten.

Wir begannen zu schrauben, zu basteln und zu tunen. Als erstes: Lenker abschneiden und die bekloppten Katzenaugen rausbrechen aus den Speichen und Pedalen. Der nächste Schritt erforderte schon neues Spezialwerkzeug, denn der Kettenschutz zwischen Kassette und Speichen war ziemlich uncool. Und dann kam der Hammer, der mein Ansehen in der Hansestadt und der Schule enorm steigen ließ. Vatern fertigte aus Alublech von einem Millimeter Stärke, ich glaube es war 3.1364 T351, eine Scheibenverkleidung für das Hinterrad. Schwarzes Bike und mattschwarze Scheibe, ich muss nicht weiter erwähnen, dass dies Maßstäbe setzte. Beim Cruisen um die schöne Alster mit 2.1"-Stollenreifen war die Hupe, die sonst zum Pflichtprogramm gehörte, völlig überflüssig. Der Sound bewirkte immer freie Fahrt für freie Bürger. Staunende Blicke zogen wir natürlich auf uns, wenn wir im Quartett mit diesen Lärmgeräten Runden zogen. Irgendwann war ich es allerdings satt, jede Woche die Scheibe abzubauen, um die gerissenen Speichen zu tauschen, weshalb die Verkleidung im Keller verschwand.

Das Bike rückte so langsam immer mehr nach vorne, denn der Wind an der See wurde immer schwächer und zum Volleyballtraining radeln machte auch riesigen Spaß. Als wir in der Volleyballcombo plötzlich nur noch fünf Mann waren -sechs sind ja eigentlich nötig- musste ein Ausgleichssport her. Was lag da dann näher, als sich häufiger auf das Rad zu setzen.

Neben ersten getigerten Radhosen, kaufte man sich noch Trikots und sogar einen Helm. So gestylt kam man schnell mit neuen Leuten in Kontakt. Zwar hatte ich mit den Jungs Abi gemacht, richtig miteinander gesprochen hatten wir, glaube ich, nie wirklich. Doch das Radfahren brachte uns wieder zusammen und man konnte auch bald von Training reden. So drehten Kay, Dr. Lührs und ich mit einer Uni-Sportgruppe, die von Kay geleitet wurde, unsere Runden durch das Hamburger Umland.

An den Wochenenden wurde sich stets verabredet um gemeinsame Runden mit dem MTB in den Harburger Bergen zu drehen. Im nachhinein scheinen die Runden zwar lächerlich, dennoch gaben wir uns damals richtig die Kante. Allein die Anreise im flammenbemalten Ford-Transit war schon ein Erlebnis, besonders wenn der Restalkohol noch so präsent war, dass einem im Laderaum schlecht wurde. Zur Verzweiflung brachte ich meine Freunde, wenn ich sie dann trotz dickem Schädel und kaputter Jeanshose ohne Clickpedale am Berg abhängte.

Training ohne Rennen, so ging es ein ganzes Jahr lang. Doch dann kam Kay G. auf merkwürdige Ideen. Als Vorprogramm eines Crossrennens in Wentorf gab es ein Jedermann-MTB-Rennen. Es wurde ein merkwürdiges Erlebnis, denn es tat richtig weh, und ich fuhr schon mal eine Runde mehr als die Anderen. Das Verlieren der Zählfähigkeit sollte nicht das letzte Mal aufgetreten sein. Trotz einer Top-Ten-Platzierung war das noch nicht der Schritt zum wirklichen MTB-Rennsport.

Das darauffolgende Jahr gestaltete sich wie das vergangene. Gemeinsames Training im Gelände sowie erste große Runden auf der Straße. Kay, mein Vorbild, hängte mich ständig ab, da er mit dem Rennrad und Rennschuhen unterwegs war, ich hingegen nur im Look-Tiger-Outfit und Turnschuhen auf Bärentatzen. Irgendwann zeigten seine Überredungskünste aber Erfolg. Ich kaufte mir ein Rennrad, Marke Fidusa, mit Clikkpedalen und Dura Ace Ausstattung. Nun hatte er nichts mehr zu lachen. Kay, scheinbar der geborene Leistungssportler, wurde irgendwie in den Rennbann gezogen. Er löste einfach eine Lizenz bei einem Trainingsrennen in Bad Bramstedt. Unglaublich Dinge geschahen nun rund um den organisierten Radsport. Verwirrte Trainer, schreiende Straßenfahrer und überall Besserwisser erschienen auf einmal auf den Trainingsrunden. Man hatte erst Ruhe, wenn man den Jungs das Hinterrad zeigte, was erstaunlich häufig der Fall war.

In der Winterzeit 94/95 war es dann soweit, dass ich mein 2. Jedermannrennen fuhr. Mein Schlechtwetter-MTB mit abgefahrenen Reifen, Schutzblechen und zirka 15 Kilo Gewicht musste herhalten, da das bessere Stück nicht eingesaut werden sollte. Beim Laufanstieg überholte ich fast alle und oben schmeckte die kalte Luft nach Eisen. Das war kein Grund für ein vorzeitiges Ende, denn ich konnte die beiden Führenden noch sehen. So kämpfte ich mich durch den Schlamm und wurde tatsächlich 3.. Als am nächsten Tag mein Name, wenn auch falsch geschrieben, in einer renommierten Hamburger Zeitung stand, war das Glücksgefühl erwacht. Literarische Erwähnungen während meiner Volleyballerzeit beschränkten sich auf das stadtteilgebundene Lokalblatt.

Es war nicht mein letztes Mountainbike-Rennen, denn sonst wäre ja an dieser Stelle Schluss.

Strategische Vertragsverhandlungen

Beflügelt vom Podiumsplatz meldete ich mich schon fast selbstständig bei einer MTB-Winterserie in Appenbüttel im Süden Hamburgs an. Dort ging es auf einem schönen Kurs klassenlos jedes 2. Wochenende um den Einzel-, und am Ende den Gesamtsieg. Hier traf ich auf richtige Rennfahrer, die in Teams durch die BRD zogen, um Rennen zu gewinnen. Als unbekannter Außenseiter hat man Narrenfreiheit, die ich nutzte, um das Renntempo zu bestimmen. Zwar reichte die Kraft nicht für den Einzelsieg, doch der 2. Platz hinter einem „Profi" war schon nicht schlecht. Daraus ergaben sich Gespräche über meine bisherige Laufbahn und meine Ziele.

Der Kontakt zum Kultladen PIRATE wurde auf der letzten Veranstaltung dieser Winterserie geknüpft. Ronny, der Chef von PIRATE, bestellte daraufhin Kay und mich in seine Showrooms. Das PIRATE-Team bestand aus Downhillern und Crosscountryfahrern, die in 3 Unterstützungklassen untergliedert waren. Ohne langes Hin und Her gab es den B-Vertrag von PIRATE. Tolle schwarze Trikots und Hosen mit Totenköpfen bestimmten nun unser Outfit. Als wir mit einer Tüte voller Sachen aus dem Laden kamen, haben wir uns gefreut wie kleine Kinder.
Ich war im PIRATE-Team '95 und sollte Rennen in Norddeutschland fahren. Ersatzmaterial gab es dazu, teilweise sogar die Chrysler-Voyager-Rakete für entfernte Auftritte. Die Lizenz hatte ich mittlerweile auch gezogen und somit war ich wieder einmal im Verein organisiert. Der 1. Auftritt beim Stevens-Cup in Norderstedt wurde sehr nervös erwartet. Weder Kay noch ich hatten einen blassen Schimmer, was dort in der Eliteklasse auf uns zukommen würde. Wir überspielten die Aufregung, da Kay's Freundin sogar einen lokalen Fernsehsender anschleppte. Mit dem Startschuss war dann alles vergessen, und es wurde ein dreckiges, verdammt langes Rennen, in dem uns die Guten überrundeten und zirka eine Viertelstunde abnahmen.

Erschöpft wartete ich im Ziel auf meinen Weggefährten, der in die laufende Kamera sagte, dass er sich dies ganz anders vorgestellt hatte. Dennoch war jetzt unser Ziel, unter die Top-Twenty des Cups zu fahren, denn einige Jungs hatten wir abhängen können.
Neben dem kompletten Stevens-Cup fuhren wir auch Straßenrennen in der Umgebung. Kay machte davon aber mehr, da mir dieser Zweig des Radsports gar nicht lag. Beim Rundstreckenrennen seines Vereins fragte ich mich, warum hier denn keiner richtig schnell fährt. Von hinten schoss ich am Feld vorbei und schrie: „Attacke". Eine Runde ballerte ich vorne herum, bevor die Beine schwer wie Blei wurden und das Feld mich einholte. Zum Ausruhen im Windschatten hatte ich keine Zeit mehr, da das Tempo nochmals verschärft wurde. So war mein erstes Straßenrennen nach zirka 10 Runden für mich beendet.

Wir wagten sogar die Teilnahme an einem Bundesligarennen in Süd-deutschland. Große Reise mit dem schwarzen Auto, bepackt mit Zelt und Spirituskocher. Im ersten Qualifikationslauf scheiterte Kay am Zeitlimit, meine Wenigkeit rettete sich mit dem vorletzten Startplatz ins Hauptrennen. Da musste ich wirklich leiden, denn die Fahrzeit betrug für mich 2,35 Stunden bei glühender Hitze und über richtige Berge. Das Erlebnis war so einschneidend, dass es in der Saison nicht wiederholt werden sollte. Den Stevens-Cup beendete ich auf dem 13. Gesamtplatz mit sehr guten Ergebnissen in Flensburg und Harburg, wo Fahrer aus dem VON HACHT- und VAUMAX-Team überholt werden konnten. Die Lust auf weiteres Rennfahren wurde durch erste Pokale und Geldumschläge weiter gestärkt.

Es ist 1996 und der Sponsor wurde gewechselt. Zwar hatte ich mit den PIRATEN nie Stress, aber es ging dort halt sehr gelassen zu. Obwohl ich die Trikots immer noch am geilsten finde, wechselte ich in das VAU-MAX-Globetrotter- Team. Ein kleiner Fahrradladen, der leistungsam-bitionierte Fahrer unterstützte. Der Outdoorversand Globetrotter gab Geld, das unsere Ausgaben deckte. So waren wir besser organisiert, finanziell betreut und radtechnisch beraten.

Mit eigenem Bus für das Wochenende und EC-Karte vom Teamkonto konnte man sich schon mal weiter aus Hamburg entfernen. Die Renn-serie des Stevens-Cups war aber weiterhin das Hauptevent. Hier schlug ich mich sehr tapfer, denn es gelang mir in der 96er Saison den 5. Ge-samtplatz zu erreichen. Ich durfte deshalb auch mal vorne bei den Guten stehen und mir anschauen, wie rasierte Beine aussehen.

Ein Punkt wurde zwischen Kay und mir ständig diskutiert, denn er hat-te sich sein Manneshaar entfernt, während ich mit der Wollstrumpfho-se durchs Leben fuhr. Zu einer Einigung kam es vorerst aber nicht, denn nur Schwule rasieren sich die Beine, war meine feste Einstellung zu dem Thema. Immerhin ließ ich die Unterhose unter der Rennhose weg und zog Radsocken an. Diese hatte Kay mir übrigens aus seinem ersten Trai-ningslager aus Mallorca mitgebracht. Aus dieser Zeit stammen meine ersten Rennberichte. Gott sei Dank sind sie verschollen, denn es waren tatsächliche Berichte über die Rennen. Es ging dann links und rechts und vor mir war der, der sonst immer hinter mir war. Die Schilderun-gen gingen an Globetrotter und wurden vorher heimlich von meiner Mutter in der Firma mit der Schreibmaschine lesebar gemacht.

Mit dem VAUMAX-Team fuhren wir Rennen, wie zum Beispiel einen Supercup oder den St.Wendel Bike Marathon. Schon damals merkte ich, dass solche langen Sachen etwas für mich sind. Es brachte mir Spaß, war nicht so hektisch und man hatte mehr vom Startgeld. In St. Wendel belegte ich damals den 13. Platz. Schockiert war ich, als ich bei der Zieldurchfahrt erfuhr, dass mein Mitstreiter, mit dem ich mich die letzten 50 km ziemlich beharkt hatte, eine Dame war. Hedda zu Putlitz konnte ich im Sprint zwar abhängen, meine Leistung fand ich danach aber nicht mehr so toll.

Die Langstrecke über 266 Kilometer und 3300 Höhenmeter an der Ostseeküste war dagegen schon erfolgreicher. Zwar musste der innere Schweinehund bekämpft werden, denn anfänglich regnete es 4 Stunden lang, dann aber war man in der Spitzengruppe und fühlte sich gut hinter dem Führungswagen. Nach der Kälteschlacht wollte oder konnte ich auf dem Marktplatz dann nicht mehr sprinten, was wohl auch von Vorteil war. Die beiden anderen gaben alles und lagen nach dem Ziel dann auf der Fresse. Die Pedalen waren so verdreckt, dass ein Ausklicken fast nicht mehr möglich war, ferner bremste man nur noch metallspanend ohne Gummi in den Klotzen.

Durch die kapitalistische Selbstzerstörung des Fahrradladens wurde unser Team als bald beerdigt. Schade, denn dort hatte man die Freiheit und Ungezwungenheit aufgebracht, die für einen Trendsport nötig waren. Die Teamkasse, in der noch beachtliche Summen waren, wurde kurzerhand verfressen. Man traf sich also immer wieder mal und ging beim Nobelspaghettimann so richtig dinieren. Die stylischen Trikots sieht man von Zeit zu Zeit immer noch in der Hansestadt, denn die hatte ein „Künstler" extra kreiert und von „Pearl Izumi" fertigen lassen. Das war es wohl auch der Grund, weshalb wir anfangs ein halbes Jahr ohne Teamtrikot Rennen bestreiten mussten.

Die Radsportmafia

Um keinen negativen Eindruck von der Familie von Hacht entstehen zu lassen, muss ich den Mafiabegriff etwas relativieren. Die Förderung von Sportlern im Fahrradbereich ist immer auf die Gunst von Menschen angewiesen, die sich diesem Sport komplett verschrieben haben. Die Familie von Hacht ist so eine eingeschworene Gemeinde.

Werner von Hacht unter
seinem „blauen Himmel"

Der Oberpate Gerhard ist Vereinsoberhaupt und Hauptorganisator des Stevens-Jeantex-Cups. Die Frau an seiner Seite ist die gute Fee mit dem leckeren Kuchen und Mutter von Werner und Wolfgang. Die beiden Mafiosi besitzen einige Radläden, sowie die Bikemarke STEVENS. Dank deren großzügiger Unterstützung wird das Mountainbike-Team seit etlichen Jahren erfolgreich betrieben.

Durch meine beeindruckenden Vorstellungen bei so manchen Rennen bestellte mich Werner v. Hacht in sein Schloss, um mit mir einen Vertrag aufzusetzen. Das war schon eine Hausnummer, denn im Team waren wirklich gute Fahrer, denen ich bei weitem nicht das Wasser reichen konnte. Auch hier wurde bei der Förderung in ein A- und B-Team unterschieden. Bei den Fahrern des B-Kaders bestand aber immer die Möglichkeit bei guten Leistungen aufzusteigen.

Jetzt hatte ich einen Sponsor, der mir tatsächlich ein Trainingslager bezahlte und ich ging wieder zur Schule. Hört sich dumm an, wurde bis jetzt aber noch nicht bereut, denn beim ersten gemeinsamen Rennen zeigte ich den alten Haudegen mein Hinterrad. Zuvor musste ich, da Vertragsbestandteil, jedoch meine Wollstrumpfhose von den Beinen entfernen. Neidisch schielte ich in Schotten auf die gebräunten Waden der anderen Teamfahrer, während meine Beine weiß und verpickelt waren. In der Saison '97 lernte ich Pensionen, Hotels, Autobahneraststätten und Rennstrecken kennen, die ich vorher noch nie gesehen hatte. Die Erfolge blieben allerdings aus. Kein Sieg und auch kein Podiumsplatz. Insgesamt wurde aber nicht geschwächelt und Farben und Material von Stevens ehrenvoll zur Schau gestellt. Am Ende durfte der Dano dann noch ein weiteres Jahr im B-Kader fahren.

Jeantex, ein Bekleidungshersteller, kam 1998 als Sponsor zu Stevens hinzu. Ferner kehrte Jens Schwedler vom GIANT- Team zurück an die Elbe, um als Fahrertrainer wieder richtig Zug in die Mannschaft zu bringen.

Das Fahrerkarussell drehte sich natürlich auch wieder. Zuvor hochgelobte Fahrer wurden vor die Tür gesetzt, altgediente ausgetauscht. Ich durfte weiterhin an nationalen Rennen landauf-landab teilnehmen. Durch die Trainingspläne von Jens ging es sportlich weiter voran. Zwar waren wieder keine Siege auf der Erfolgsliste, dennoch gab es schon mal einen Podiumsplatz beim Stevens-Jeantex-Cup in Norderstedt. Auch in der Gesamtwertung beim S-J-C wurde dann auch ein vorderer Platz belegt. Insgesamt kamen zahlreiche Platzierungen unter den ersten 10 zustande und besonders bei der Renntaktik habe ich einiges dazulernen können.

Das neue Stevens-Jeantex-Team

Im Jahre '99 ging es dann richtig zur Sache. Zum einen nahm ich alle Trainingslager mit, zum anderen wurde das Team mit neuen Fahrern verstärkt. Der alte Grundsatz, nur Hamburger Athleten im Team zu haben, wurde durchs Jens' neue Ziele verworfen. So sollten auf World-Cup-Rennen UCI-Punkte gesammelt werden, um bei EM und WM bessere Startplätze zu haben. Zwei Ossis verstärkten uns merklich. Wir hatten mit ihnen zwei Typen am Start, die in der Bundeswehrfördergruppe nur Radsport auf dem Einsatzplan hatten.

In den Lagern lernte man sich so langsam kennen. Die Gewöhnung an diese neue Spezies ging aber nicht ohne Probleme vonstatten. Jeder wusste aber, worauf es ankommt und die Verständigung klappte später reibungslos. Ich denke, dass ich in dieser Zeit sehr viel über konsequente Trainingsplanung und die Einstellung zum Sport gelernt habe. Das Training, besonders vor wichtigen Rennen, fand dann meistens gemeinsam im Team in Harburg statt. Da es als Berufstätiger schwierig ist, sich am Abend für harte Einheiten zu motivieren, wurde das Geländetraining auf den Nachmittag verschoben. So konnte ich mit den Jungs so richtig durchs Gehölz pfeffern. Jens zerlegte dabei regelmäßig die Gruppe und holte das Letzte aus uns raus. Bei den Rennen wurde das Team dann irgendwie aufgeteilt. Jens, Matthi, Nicke und Wimo fuhren die WC-Rennen, ich und die führerscheinlosen Kinder räumten in der BRD die Pokale ab. Gerade beim Bike-Challenge sowie dem S-J-C zeigten die Kinder (Junioren) ihre

Vormachtsstellung. Da ich als Fahrer des Team-Dukatos dem nicht nachstehen wollte, sicherte ich mir den Sieg bei einige Rennen. Der Bann war somit gebrochen und mein Name erschien immer häufiger in der BikeSportNews. Selbst die Sponsoren nahmen meine Erfolge wohlwollend zur Kenntnis und boten mir eine Vertragsverlängerung an. Erfolge, seien sie auch noch so klein, beflügelten mich förmlich. So benutzte ich die Trainingspläne von Jens jetzt nicht mehr als Untersetzer, sondern versuchte mich an den Vorgaben zu orientieren. Hinzu kam, dass ich bei einer Leistungsdiagnostik bei MSG-Hannover zuvor durchgecheckt worden war und man mir meine Herzfrequenzen und Trainingsbereiche nannte.

Es dauerte aber noch eine gewisse Zeit, bis ich wirklich mit der Pulsuhr trainierte und mich an Abkürzungen wie K3, G2 und EB gewöhnte. In der Woche versuchte ich einen Tag einzubauen, an dem wirklich hart im Gelände gefahren wurde. Es zeigte sich eine eindeutige Verbesserung besonders in der schnellen Startphase der Rennen.
Man sollte jetzt nicht glauben, dass ein Trainingsplan mein Leben bestimmte, denn meistens vergaß ich den Pulsgurt und nutzte deshalb das Gerät als Uhr. Außerdem hat man nach 7 Stunden Arbeit wirklich kaum Lust, einen Berg in Hamburg zu suchen, an dem man 5 x 10 Minuten auf Kraft hochstrampelt und dabei noch die Kurbelumdrehungen zählt. Als Anregung zur Trainingssteuerung nahm ich Jens Pläne auf, fuhr jedoch meistens noch im Grundlagenbereich.

Der Trainer und die Silber-Blauen

Das Millennium stand an und wir wechselten die Farben. Die Hauptsponsoren waren mit der Vergangenheit zufrieden und investierten weiterhin in die Zukunft des Teams. Der Kern des Fahrerkaders blieb uns erhalten und die Ziele wurden höher gesteckt. Der komplette WC sollte von einigen Fahrern bewältigt werden. Das beste Nachwuchsteam der Schwarz-Rot-Goldenen Republik sollte auch in der Weltelite Top-Twenty-Platzierungen nach Hause bringen.
Die Vorbereitung auf die Aufgaben war entsprechend aufwendiger. Bereits im Dezember waren wir für 2 Wochen auf Mallorca und fraßen Kilometer. Eine sehr gute Grundlage stand somit bereits für den weiteren Aufbau

zur Verfügung Hinzu kam, wir lernten uns noch besser kennen und schätzen. Mallorca im Winter ist eigentlich fast ein Survivalurlaub, da die nächste Oben-Ohne-Bar wirklich gesucht werden muss.

Im Februar stand dann wieder der obligatorische Fuerteventura Bike-marathon auf der Tagesordnung, in dem schon mal gegen die Konkur-renz die Frühform ausgetestet werden konnte. Der Daumen von Jens zeigte nach oben, denn sowohl seine, als auch die Form der Leistungs-träger war o.k.. Von Fuerte ging es direkt zum Höhentrainingslager nach Teneriffa. Die Höhe gab den mitgereisten Sportlern nochmals einen Leistungskick.

So gestählt ging es dann für die Jungs zum WC in die neue weite Welt nach Amerika, während der Rest des Teams sich bei den Rennen im kalten Deutschland versuchte. Während der Plan, gute Platzierungen beim WC herauszufahren, um bei der WM vorne zu stehen, nur teil-weise oder auch gar nicht gelang, erreichte der Rest des Kaders fast immer das Podium. Größtenteils erledigten dies unsere Junioren und U23-Knaller, dennoch stand ich zumindest beim S-J-C häufiger auf dem mittleren Platz.

Wenn man plötzlich aus dem Schatten der Großen heraustritt, da der Schatten im Ausland weilt, klappen manchmal auch ungewöhnliche Dinge. Neben guten Platzierungen in der Bundesliga und bei einigen Marathonrennen holte ich tatsächlich den Gesamtsieg im S-J-C und trug dauerhaft das gelbe Leadertrikot. Da war ich dann doch schon stolz, denn 5 Jahre zuvor schienen die Leute um Welten schneller zu fahren. Neider mögen sagen, dass ich das nur geschafft habe, weil kei-ner fünfmal im Jahr auf einem Müllberg fahren will. Ist mir egal!

Mitte der Saison zog Jens seine radfahrerische Reißleine. Sportliches Radfahren, Trainer und sportlicher Leiter, dazu noch Frau und Kind, war wohl etwas zuviel. So ließ er das Rad stehen und kümmerte sich nur um uns „Problemfälle". Ab 2001 hatten wir einen sportlichen Lei-ter, der von Anfang an die Saison plante und uns zu den Rennen fuhr, während wir im Auto dahinvegetierten.

Die gewonnene Zeit nutzte ich, auftretenden Unfug vom Team nieder-zuschreiben, damit Sponsoren, Freunde und Verwandte das Radfahr-erleben hautnah erfahren konnten. Als Auszug sei hier Jens Abschieds-rennen und ein Kultbericht aus der Starterzeit beigefügt:

Stevens-Jeantex-Cup in Norderstedt

[24. September 2000]

Das ganze Wochenende stand im Zeichen des großen Blonden aus dem hohen Norden. Jens rief und alle waren sie da. Am Samstag ging's dann zum Chicken Wing- Wettessen zum Amerikaner. Ich glaube uns hat dies sehr gefallen, den anderen 50 fremden Gäste im Lokal und der Bedienung (Melissa) wohl kaum, aber da sehen wir mal locker drüber weg.

Allen voran bestimmten Mike Kluge und Malte Urban das Programm. Malte trank immer nur seinen „Ersten" und zitierte Hausmeister Krause in allen Lebenslagen. Es wurde also nicht auf Jens getrunken, sondern auf Bodo und den Dackelclub. Mike verwirrte die Bedienung so sehr, dass Timo jede Bestellung übersetzen und sich 3 mal pro Satz entschuldigen musste. Sei´s drum, dachte sich Malte und ließ sich den Abend noch mal durch den Kopf gehen. Danach bewachte er schlafend den Wagen, während wir im Dollhouse die Dollarnoten an den unterschiedlichsten Körperstellen der Schönen unterbrachten. Am Renntag sahen deshalb alle ein wenig zerknirscht aus, besonders Malte musste man den Helm aufschrauben.

Das Abschiedsrennen: *Ein Mannschaftsrennen wurde ins Leben gerufen, wobei nach jeder Runde gewechselt werden musste. Die prominenten Fahrer, mit denen Jens seine Crosszeit erlebt hatte, zogen nochmals ihre Meistertrikots über. Da Welt-, Europa- und Deutsche Meister am Start waren, zeigte sich das Norderstedter Publikum brasilianisch und peitschte die Fahrer durch die Expoarea.*

Es wurde mit harten Bandagen gekämpft, doch am Ende siegte im packenden Sprint der Herr Schwedler vor „Mike the Bike". Im Anschluss folgte natürlich die Siegerehrung mit Sektdusche à la Formel 1. Ferner wurde auch noch auf die Tränendrüse gedrückt, weil jeder noch ein paar passende Worte sagen wollte. Jens ist aber noch lange nicht tot, sondern er macht jetzt das, was er das letzte halbe Jahr gemacht hat. Er ist Teammanager. Und das Team hofft auf noch bessere Ergebnisse in der Saison 2001. In dem Zusammenhang möchten wir uns natürlich auch bei Jens bedanken, denn jetzt wissen wir, dass in den Harburger Bergen nicht mehr 2 Stunden super SB gefahren wird, da Jens das selber nicht mehr durchhält, hihihi!

Das letzte Stevens-Jeantex-Rennen 2000: *Bei super Sonnenwetter fanden sich etliche Starter zum Finallauf ein. Auch Gäste aus dem Süden mit Friedemann Schmude (Giant), Christian Große Kreul und der ehemalige Deutsche Meister Wolfram Kurschat (beide Fiat Rotwild) machten das Starterfeld mit dem kompletten Stevens-Jeantex-Team und Jens Schwedler recht ansehnlich.*

Zum Rennverlauf kann ich diesmal leider gar nichts sagen, denn nach dem Start war ich allein gelassen worden. Ich versuchte somit das ganze Rennen über meine Gegner einzuholen, was mir teilweise auch gelang. Es war ein Start-Ziel-Sieg der mich sehr freute, denn somit gewann ich die Gesamtwertung. Timo und Moritz belegten im

Der Führende des S-J-C 2002, plus die Sippe im Background

Rennen sowie in der Gesamtwertung die nachfolgenden Plätze. Jens wurde 7. oder 8. und fühlte sich danach richtig beschissen, aber so fällt der Abschied leichter. Da dies das letzte Rennen für viele war, möchte sich das Team besonders bei den vielen ehrenamtlichen Helferinnen und Helfern bedanken. Es macht immer eine Heidenarbeit, die keiner richtig zu würdigen weiß. Wir wollen hier aber diese Leute besonders erwähnen, denn ohne sie wäre unser Sport nicht möglich. Ich glaube, sie freuen sich mit uns, wenn sie sehen, dass wir die Erfolge nach Hamburg holen. Also macht bitte weiter so, auch wenn wir nicht genau wissen, wie der Cup nächstes Jahr aussieht.

Wintertraining im Dezember
[14. Dezember 2001]

Wenn Ihr wissen wollt, wie man dem Weihnachtsstress entflieht, einfach mal Jens S. aus Pi fragen. Öffnungszeiten bis 20.00 Uhr, verlängerter verkaufsoffener Samstag oder Shoppen am Sonntag, alles Quatsch, denn man fährt einfach mal mit Jens trainieren. Alles andere ist danach sowieso nicht mehr möglich.
Samstag waren wir ungefähr zehn Leute, die zum Training aufbrachen. Wir frästen mit 40 km/h und Rückenwind 2 Stunden aus Hamburg heraus. Rückweg dauerte 2,5 Stunden und das Mädel Katrin H. zeigte Manieren, denn sie forderte unter Tränen das Auto. Ich war dann nach 5 Stunden wieder daheim und ging natürlich keine Geschenke mehr kaufen. Sonntag. Neuer Tag, neues Glück und die Sonne schien verlockend. Ich rüstete also auf: kein MTB mit Schutzblechen, sondern Profirennmaschine mit Aerolaufrädern.

Diesmal am Start war wohl alles, was ein Sitzpolster zwischen den Beinen trägt, denn 42 Mann rockten wieder mit Rückenwind raus aus der Hansestadt. Ich muss wohl nicht erwähnen, dass wir diesmal 42 km/h fuhren. Also alles auf Level grün, bis Jens auf die Idee kam, uns seine alte Heimat zu zeigen. NEUMÜNSTER, der kleine Ort kurz vor dem nördlichen Polarkreis. Wir waren alle so bekloppt, ihm auch noch zu folgen Die Gruppe wurde kleiner, die Unterhaltungen ruhiger und alle außer Jens hatten keine Ahnung mehr wo sie waren. Totale Abhängigkeit von Jens ist nämlich Scheiße, da man dann weiß, dass es dann hart wird. Ich will mich nicht beklagen, denn nach 5,45 Stunden war ich triefend nass vom Regen und völlig entkräftet vom Gegenwind zuhause. Nach unzähligen Infusionen war ich dann wieder fähig, mich zu sammeln und einen Globus ans Rad zu schrauben. Nächsten Samstag geht es weiter!

2001 – das Jahr der Erfolge

Als Starter fungierte wieder der Fuertebikemarathon auf der Sonneninsel. Nach quälend langen Einheiten im norddeutschen Winter, sowie Nachttraining nach dem Feierabend, ist so etwas wie Balsam für die Seele. Sonne, Wind und nackte Haut im Februar sind toll, obwohl einem der Gegenwind auf der Straße teilweise verzweifeln ließ. Wir genossen die Zeit trotz hartem Training und krönten das Ganze mit dem Marathon. Die Leistungsklasse wurde für den Marathon gewechselt und so fuhr ich nicht wie sonst in der Schülerklasse, sondern bei den Senioren. Hierbei fiel auf, dass ich tatsächlich nicht mehr so jung bin, wie ich ausschaue oder mich benehme. Was soll das Gejammer, denn ich wollte in dieser Klasse gewinnen. Als ich alle alten Verfolger abgeschüttelt hatte, malte ich mir aus, was ich mit dem Siegpräsent machen sollte. In den vergangenen Jahren gab es immer einen Reisegutschein mit Flug, nur dieses Jahr gab es zur Abwechslung mal ein Polar-Badetuch. Nur der Sieg zählt, dachte ich mir, und machte gute Miene zum doch leicht enttäuschendem Spiel.

Im März ging es diesmal nicht per Flugzeug nach Mallorca zum Trainingslager, sondern mit dem Auto nach Granada. Jens und ich schrubbten die 2.400 Kilometer in Rekordzeit durch Europa, wobei mich die Spanier nur kurzfristig aus dem Rennen zogen. Ich würde sagen, eine Stop-and-go-Strafe an einer Telebanko. Das Training innerhalb dieser 2 Wochen war sehr hart, MTB-spezifisch und trotzdem schön. Denn wer bei sommerlichen Temperaturen im kurzen Dress durch die Olivenhaine schrubbt und dabei die schneebedeckten Gipfel der Sierra Nevada sieht, weiß, wovon der Dano spricht.

So gestählt ging es zurück in die kalte Heimat, wo die neue Saison bald beginnen sollte. Der Start in diese verlief leider nicht planmäßig, da mein Knie ein wenig zwickte. Der Grund war nicht das hohe Alter, sondern ein Jägerhutsyndrom. Dennoch gelangen mir beim S-J-C einige Erfolge, so dass das gelbe Trikot wieder stolz auf der Brust getragen wurde. Im laufenden Jahr ging es dann auf und ab. Ich erreichte gute Platzierungen bei NRW-Cup, Storck-Bike-Challenge sowie bei einigen Marathonveranstaltungen, bis ich mir mein rechtes Knie selbstzerstörerisch aufschnitt. Danach war irgendwie der Teufel am Werk, denn ich fiel sage und schreibe 3 Mal auf die gleiche vernarbte Stelle am Knie. Da Unkraut bekanntlich ja nicht vergeht, setzte ich höchstens ein Rennen nach einer OP aus und rostete deshalb auch nicht ein.

Einmal Hölle und zurück

[10. Juli 2001]

Dieser Satz entstammt nicht aus meiner Feder, sondern von einem anderen Teilnehmer dieser Veranstaltung, dennoch beschreibt er den Sachverhalt sehr treffend. Während unsere Junioren und U23-Fahrer sich in Freiburg den Feinschliff für die DM von Jens aufdrängen ließen, besuchten Thomas und ich das verregnete Österreich.

Schon am Freitag goss es beachtlich, so dass bei den zahlreichen Teilnehmern der Mut förmlich davonschwamm. Vorteilig für mich waren die scheinbar unsichtbaren wolkenverhangenen Berggipfel, die es am nächsten Tag zu bezwingen galt, da so keine Angst entstand. Beim Fahrerbriefing wurden dann alle Verhaltensregeln und Schilder nochmals erklärt, an sich selbsterklärend. In Österreich sind die Auslegungen jedoch etwas anders. Normale Bachdurchfahrt war hier, als ob ich durch die Elbe zur Arbeit schwimme. Schwierige Abfahrt, normalerweise aerodynamische Position, hier allerdings abseilen mit Rad im Wasserfall, so kam es mir zumindest vor.

Der Renntag begann für mich bereits um 4.00 Uhr, da um 5.00 Uhr der Start erfolgen sollte. Bei leichtem Nieselregen und Dunkelheit machten sich 160 Fahrer auf die 225 Kilometer-Runde mit 7000 Höhenmeter. Schon nach kurzer Zeit lichtete sich das Feld und der Himmel entließ seine letzten Wasserreserven. Es ging somit die ersten 7 Stunden im Regen durch die wohl hübsche Landschaft (man konnte ja nichts sehen). Auf der Strecke gab es zwei Sonderwertungen, zum einen der Sprint in Bad Ischl, zum anderen der Bergpreis am Salzberg.

Von den 2 Verrückten, die gleich am Anfang vorgestrahlt waren, wurde einer kurz vor dem Sprint gestellt. Ich fuhr mein Tempo ohne zu überziehen und setzte mich mit einem Polen auf die Position 2 und 3. Er gab beim Sprint alles und wurde 2., am nächsten Berg gönnte er sich dann aber eine Auszeit. So lag ich nach zirka 85 Kilometer auf Platz 2 hinter einem Italiener.

Der Regen und die Kälte rieben wohl zu sehr an dem Sonnyboy, da der Vorsprung von 8 Minuten zerfloss. Kurz vor dem Bergpreis platzte er leider aus dem Windschatten, ohne Absicht gewann ich deshalb diese Trophäe, bei der eine 30% Steigung zu bewältigen war. Nach der anschließenden 45 minütigen Tragepassage, das war die Hölle, begann auch der Regen aufzuhören, so dass die restlichen Stunden keine Erfrierung mehr drohte.
Thomas Nicke, der die 115 Kilometer (Schwächling) in Angriff nahm, feuerte mich unterwegs an, als er vorbeigeschossen kam. Er war diesmal einfach das Maß der Dinge, denn er pulverisierte den Streckenrekord und fuhr knapp unter 5 Stunden. Das war so schnell, dass der Zieleinlauf von ihm gar nicht wahrgenommen wurde. Als dann mir die Betreuer mitteilten, dass ich einen 6-Minuten-Vorsprung habe und Thomas gewonnen hatte, fing ich auch langsam an, mich mit dem Sieg zu beschäftigen.
Nervige Sache, denn die Leute der 115-Kilometer-Runde überholten natürlich zahlreich, und bei jedem Fahrer befürchtete ich, dass es ein Verfolger sein könne. Da die 10 Powerbar, die ich die vorherigen 11 Stunden gegessen hatte, so langsam ihre Wirkung verloren, ging das Fahrtempo in Schrittgeschwindigkeit über. Nachdem der letzte Pickel eliminiert wurde, stieg die Moral und der Siegeswille. Die begeisterten Zuschauer taten das Übrige und begleiteten mich auf einer Beifallswelle ins Ziel.
Da stand ich nun, der Außenseiter aus Deutschland, der dem einheimischen Idol W. Fasching (Race across Amerika Sieger) 10.42 Minuten abgenommen hatte, freudestrahlend und überglücklich, denn ich bin Sieger bei der **Salzkammergut Mountainbike Trophy 2001**, dem härtesten MTB-Rennen der Welt.

Nachdem ich den Fernseh-, Rundfunk- und Zeitungsreportern erst mal ein paar Takte erzählt hatte, ging der Stress erst richtig los. Beim Duschen zog mich das ORF aus der Kabine, das Essen bei den Sponsoren gab es 2 Stunden später und bei der Siegerehrung drehte sich fast alles um W. Fasching. Der Lokalpatriotismus wird wohl in Österreich noch sehr groß geschrieben, denn die Zeitungsberichte am Sonntag ließen meinen Namen nur in Schriftgröße 6 Punkt erscheinen.
Es war für mich dennoch der größte Sieg. Fahrer aus 19 Nationen, 12 Stunden im Sattel und die Begeisterung der Zuschauer bescheren mir noch jetzt Gänsehaut. Das witzigste war allerdings, beim Frühstück zu sitzen und in den Radionachrichten in den Sportmeldungen den eigenen Namen zu hören. Das macht schon ein bisschen stolz.

Es ist wohl klar, dass so ein Ding nicht mehr zu toppen war. Dies alles entstand nur, weil unser neuer Co-Sponsor Cefar mit Herbert Nöll anfragen ließ, ob nicht jemand Lust hätte in Österreich einen Marathon zu fahren. Unwissend, wie ich bis dato war, antwortete ich höflich, dass ich gerne die lange Runde (ich dachte da an 115 Kilometer) fahren wolle. Als die Anmeldebestätigung dann im Briefkasten lag und dort 225 Kilometer standen, wurde ich doch etwas hektisch, denn damit hatte ich nicht gerechnet.

Nach Rücksprache mit dem sportlichen Leiter, ob so etwas überhaupt zu überleben sei, sagte dieser einfach: „Mach das doch einfach, wenn du Bock hast." Nach kurzem Grübeln bekam ich dann richtig Lust, mich dieser Herausforderung zu stellen. 225 Kilometer und 7000 Höhenmeter auf dem Mountainbike bei einer Fahrzeit von über 11 Stunden, das schüttelt auch ein Guttrainierter nicht einfach aus dem Oberschenkel, so dass dies für mich ein Test der eigenen Willensstärke werden sollte.

Die Tage danach war ich dann doch geplättet und genoss die Glückwünsche zahlreicher Leute, die sich mit mir über den Sieg freuten. Eigentlich wird einem erst viel später bewusst, was man dort geleistet hat. Auf nachfolgenden Rennen sprachen mich sehr viele Fahrer auf dieses Rennen, an und erst da merkt man, dass so ein Erfolg doch größere Kreise zieht. Mit entsprechendem Selbstbewusstsein ging ich auf die letzten Rennen der Saison zu. Es kamen erneut ein paar gute Platzierungen bei E1- und E2-Rennen heraus.

Der hauseigene Stevens-Jeantex-Cup wurde von mir auch 2001 gewonnen. Letztes Jahr war der Seriensieg noch mein absolutes Highlight, diesmal verblasste er etwas im Ranking. Dennoch ist ein gutes Abschneiden in MTB-Serien immer ein Zeichen für ausgeglichene Konstanz in der Leistung, weshalb ich mich auch über den 5. Platz beim NRW-Cup sehr freute.

Als Saisonabschluss dienten diesmal zwei Marathonveranstaltungen. Ein Rennen in St. Wendel, wo ich bei den Greisen auf Platz 3 fuhr und der Wasgau-Marathon. Der ist eine Veranstaltung, wo die Guten und Erfolgreichen zusammen mit den „Jedermännern" eine wunderschöne Runde drehen. Bei der Ausfahrt, wo es einzig und allein um den Spaß am MTB geht, wird geschaut, gefachsimpelt und sich gut verpflegt. Mir jedoch fehlt wahrscheinlich die Entspanntheit zu solchen Aktionen, denn bei 700 Kilometer Anreise und einer Nummer am Rad, da muss man dann eigentlich auch schnell fahren. Verlockend dabei ist der super Kurs mit Singletrails und schönen Abfahrten, die man sonst nicht oft geboten bekommt. Vielleicht wird man ja mit zunehmenden Alter reifer für so etwas.

2. Saison 2002

Die Vorbereitung

So, nun geht das so richtig los. Ist einmal der Plan gefasst, dann gibt es kein zurück. Diese Radsaison wird literarisch dokumentiert. Da bei Radfahrern nichts normal ist, beginnt eine Saison bereits Ende November. Zuerst wird sich wieder an das Rad gewöhnt, bevor Grundlagenausdauer mit langen Einheiten ansteht.

Da radabhängige Zeitgenossen, so wie ich es wohl bin, ihr Rad nicht im Keller einsperren, wird die Übergangszeit durch planlose Fahrten genossen. Man setzt sich einfach auf das Rad und lässt sich treiben, wohin der Lenker will. Ferner genieße ich diese Zeit beim Joggen um die Alster oder bei anderen Sportarten mit Freunden. Ruhe ohne Sport gibt es aber nicht wirklich, da der Tag im Büro schon genug Bewegungseinengung bedeutet.

Wie schon vor 2 Jahren, stand diesmal ein Trainingslager im Dezember an. Verlässliches Wetter und nur Zeit zum Radeln sind im Winter einfach nur im Ausland zu finden. Die Standortwahl fiel diesmal zugunsten der Kanarischen Inseln. Im Club Trendorado auf Fuerteventura sollten wir für 2 Wochen die Grundlage wieder auf Trab bringen.

Porno-Dano im Camp nähe Granada 2001

Big Bad Boys are back in Spain

[07. Dezember 2001]

Nach 4.5 Stunden Traveltime in so einem amerikanischen Konkurrenzprodukt sind wir tatsächlich heil und koordiniert auf der Sonneninsel Fuerteventura gelandet. So, nun sind wir tatsächlich wieder im Sommer. Am Wochenende haben wir noch fleißig trainiert, bzw. die Nordmeisterschaften im Cross bestritten und das ganze bei 3°C und Sprühnebeldauerniederschlag.

Die Meisterschaften waren der volle Erfolg für die Blau-Grauen. Der Animateur Jens S. schaffte es sogar, Timo abzuhängen und somit Hamburger- und Nordmeister zu werden. Timo ist jetzt auch Meister, allerdings mit dem Vize-Titel davor. Am Anfang des Rennens hat es jedoch nicht nach diesem klaren Erfolg ausgesehen, da Tim Mütze kräftig vorne rumstrahlte. Es relativierte sich jedoch in der dritten Runde in der Laufpassage, so dass es zum Comeback von Jens in der Crossszene kam.

In der Juniorenklasse fegte Benni Hill alles andere vom Parcours. Es war ein wirklich ungefährdeter Sieg des Neuen. Herzlichen Glückwunsch vom gesamten Team an alle Meister und deren Stellvertreter. Obwohl der Rest der Mannschaft sich nur auf der Straße bewegte, sahen wir genauso schmuddelig aus wie die Matschläufer. Grund für diesen nicht tragbaren Zustand ist, dass die Schnösel mit den 5000,– DM-Boliden partout keine Schutzbleche montieren wollen und somit die gesamte Gruppe in ein einheitliches Straßenmatschbraun einfärbten.

Mit solchen Unzulänglichkeiten ist es aber seit heute vorbei, denn die erste 5 Stunden Einheit haben wir bei Sonnenschein und blauem Himmel bei 23 schweißtreibenden Grad nicht absolviert, sondern gefeiert. Trotz Gegenwind und teilweise rauhen Straßen kam es uns vor, als ob wir durchs STARGATE in die wundervolle Welt des Radsports gebeamt wurden. Der Club Trendorado hat uns wieder und es ist so, als ob wir nur 'ne Woche zu Hause gewesen wären, denn alles ist dageblieben, wo wir es im Februar hingestellt hatten. Ich liebe den Konservatismus, man ist nämlich sicher vor jeder bösen Überraschung, und das ist gut so.

Nun sitze ich gerade auf dem Liegestuhl am Pool, der DJ legt die neusten Scheiben aus der Technoecke auf, während mindestens 21 Bälle Beachvolleyball spielen. An meinem Riechbalken zieht der Geruch von Pasta vorbei und nebenbei tippe ich noch diese netten Zeilen für die Zurückgebliebenen. Ich denke, das ist das wahre Leben.Da der Urlaub aber noch jung ist, habe ich die Kollegen, die krampfhaft versuchen, ein Remote Galley Cooling System im Flugzeug zu integrieren, nicht vergessen. Es ist schon hart, die Sonne niemals am Tag zu sehen, oder? Bei wichtigen Detailfragen wenden Sie sich bitte an den Absender dieser Zeilen, denn wir wollen wissen, was 3D-KonntSchlecht neues verbrochen hat.

Nikolaus blieb allein zu Haus,

[13. Dezember 2001]

denn bei 26°C und grellem hellen Sonnenlicht den ganzen Tag, sind wir lieber Rad gefahren. Nicht das jetzt irgendjemand glaubt, dass Schuhe rausstellen und so hier nicht vollzogen wird, aber die Schokolade schmilzt dann ja in dem Schuh und nicht im Mund. Nein, es fällt tatsächlich nicht leicht, bei solchen Bedingungen an den Weihnachtsmann zu denken. Gut ist der fehlende Schokokram, denn so kommt man nicht auf falsche Gedanken und die Figur bleibt knackig.

Die ersten drei Tage haben wir nun erfolgreich und ohne Ausfall absolviert. 145, 155 und 180 sind nicht die Maße der Sumoringerin im Club, sondern die erarbeiteten Kilometer. Meistens ging es mit Rückenwind heraus aus Corralejo und jeder dachte, er habe heute einen besonders guten Tag erwischt. Nach dem Tankstop zur Befüllung der Trinkflaschen merkte jeder das laue Sommerlüftchen. Somit war der Ritt zurück meistens ein Kampf gegen den Wind und gegen die Kollegen, die mal einfach ihre Führung vergaßen. Morgen ist aber Ruhetag, nur 45 Minuten Laufen und Krafttraining für die Problemzone Bauch. Im Club gibt es in der Disco die berühmte Singleparty. Für jeden Radfahrer der totale Horror, deswegen sind wir dabei. So liebe Leut, mit dem Dano ist Schluss für heut. Ich hoffe, Ihr habt alle was in Euren Schuhen gefunden und genießt die besinnliche Zeit des Jahres.

P.S.: Ist bei meinem Arbeitgeber wieder der Server down, nur weil ich mal weg bin? Brauche schleunigst Lagebericht, ob ich den Urlaub verlängern darf/muss.

Computerlogbook des Stevens-Jeantex-Teams

[17.Dezember 2001]

Wir schreiben das Jahr 2k1, Capt. Jens S Kirk und seine Mannen ziehen einsam ihre Erkundungsrunden durch die Vulkanlandschaft. Ein Ionennebel der Deltaklasse befreit uns seit heute von den blutsaugenden Stechmonstern, die mit Warpgeschwindigkeit nachts durch unser Holodeck surrten.

Das Wetter hat sich hier wieder beruhigt, so konnten wir die letzten 3 Tage unser Plansoll generalstabsmäßig erfüllen. Wie heißt es so schön im TUI-Prospekt: Kraft tanken. Gelesen und getan, wieder 120 mal den Berg hoch. Habe jetzt den Begrenzungspfählen lustige Tiernamen gegeben, denn so bleibt McBrain auch auf Trab.

Allmählich bringt das fünfstündige Sitzen nicht mehr ganz so viel Spaß wie am Anfang. Da man aus dem Basislager nur nach links oder rechts rausfahren kann, hat sich der Abwechslungsreichtum nun etwas abgeschwächt. Der Straßenbelag, wenn man das schwarze Flickwerk so nennen kann, strapaziert auch das „Sitzfleisch". Dennoch denken Capt. Ohura, die die immer Kontakt hat, und ich, dass wir hier besser aufgehoben sind als in den Sprühnebelfeldern Norddeutschlands.

Wir möchten hier auch noch mal den Sponsoren danken, die uns diese nette Abwechslung ermöglicht haben. Gestern am Ruhetag saßen wir so auf der Kommandobrücke und sahen vor uns unendliche Weiten. Einerseits das Meer und die Vulkaninseln, andererseits Veronika, die Aerobicqueen. Die übereinstimmende Meinung war, dass das Leben schon extrem hart zu uns ist. Doch Spaß beiseite, denn es stehen noch 2.5 Tage mit Training auf dem Programm.

Am Samstag darf ich wieder Begrenzungspfähle zählen und das bei 60 U/min. Ich warte auf den Tag, an dem die Kniescheibe sich verabschiedet, wie im Wernerfilm der Bowdenzug. Sonntag ist dann ein freundliches Verabschieden des gesamten Infrastrukturnetzes von Fuerte angesagt. Wir sollen 6 Stunden fahren, was bedeutet, alle Straßen der Insel nochmals langrocken.
Der Abreisetag wird wohl noch mit einer 3-Stunden-Einheit belegt, denn man hat ja sonst nichts zu tun. Ferner wird so vermieden, sich mit kalten Temperaturen mental zu befassen. Sofern der heilige Krieg es will, sind wir um 21.45 Uhr am Montag wieder in der Hansestadt.

P.S.: An die Konkurrenz: Um in der wettkampffreien Zeit Euch doch den Kampf ansagen zu können, haben wir zu fünft 35 Eis zum Nachtisch vorgelegt! Lasst von Euch hören!

Advent, Advent unsere Lampen brennen
[22. Dezember 2001]

Der letzte Trainingsblock bestand zwar nur aus 2 Einheiten, diese waren aber schon sehr hart. Den einen Tag haben wir ungefähr 20 mal den gleichen Berg bezwungen. Die Steigerung kam aber am Sonntag, denn da sind wir auf unserer 5-Stunden-Einheit tatsächlich naß geworden.
Es wurde taktisch klug den Wolken ausgewichen, was im Klartext aber hieß, Küstenstraße rein und raus, rein und raus und rein und raus. Das gibt mentale Power, hoffe ich zumindest. Zur Krönung des Tages kommt dann jeden Tag das cheffige Bauchweg-

training von Jens. Im schmierigen Fitnessraum, siehe ROCKY 1, geht das dann richtig ab, so dass das Aufstehen am Morgen zu einem Aus-dem-Bett-rollen wird. Leider hat sich bei zwei Sportlern (Moritz und Yohannes) ein nasaler Infekt abreagiert. Lage ist aber nicht dramatisch, da die Animateurinnen die ostasiatische Ganzkörperheilkunde in Perfektion beherrschen und somit maximale 2 Trainingstage geopfert werden mussten.

Trotz blinkendem Tannenbaum im Nachbarhotel und verkleideten Weihnachtsfrauen am Pool, mag unsere Besinnlichkeit nicht richtig reifen. In dem Punkt ist Teamkonsens angesagt: Weihnachten unter Palmen wäre Frevel und müsste geächtet werden. Liebe Leute zu Hause, kauft also reichlich Geschenke für uns ein, denn wir sind rechtzeitig wieder in Deutsche Land bei Deutschländer Würstchen.

Uns haben wieder einige eifrige Leser ihre Meinung zugesandt, wie zum Beispiel M. Offen aus Volksdorf (Sprühdosenlackierer). Dieser südländisch anmutende Zeitgenosse fragt, warum Jens Tankstops zur Trinkflaschenbefüllung zulässt, die auf Malle 98 als sehr verpönt angesehen worden sind. Nun, lieber Marcus, gib fein acht, das Stevens-Jeantex-Team hat Dir Weisheiten mitgebracht: Jens ist mit uns völlig überfordert und schreit uns nur an. Damit die Stimme auch noch ein Tal weiter zu hören ist, muss halt fleißig geölt werden.

So ist halt das Leben als Leistungssportler kurz vor der Weihnachtszeit, hart aber gerecht. Der Temperaturschock setzte einen aber sofort wieder auf den Boden der Tatsachen zurück. Jens hatte sich die letzten Trainingseinheiten schon ein Spezialprogramm auferlegt, damit er so richtig in das Crossgeschehen eingreifen kann. Wir waren dadurch wieder die Verarschten, denn wenn Jens schnell fahren will, dann fährt man entweder mit, oder man kurbelt alleine seine Runden im kalten Norddeutschland.

Wir sind gut gerutscht ...
[01. Januar 2002]

... und zwar schon vor Weihnachten, denn Jens blies aus allen Hörnern zum „Crossalarm". Die offiziellen Gazetten wussten wieder mehr als wir und verkündeten sein Comeback im Crosssport. Bloß wir mussten am meisten leiden!

Bei Minusgraden und Wanderwegen wie Bobbahnen wurde auf unserer Lieblingsrunde in Harburg mal wieder schnell Rad gefahren. Die halbverdaute Weihnachtsgans war sofort zur Stelle und alle anderen bis auf Timo verdrehten nur die Augen. Selbst einen Tag vor dem Rennen fuhren die Jungs ihre Vorbelastung auf dem völlig aufgeweichten Kurs und gaben sich schon mal die „Kante".

Am 2. Weihnachtstag war Jens aufgeregter als seine Töchter vor der Bescherung, denn er durfte in der Haake das große Weihnachtscrossrennen bestreiten. Vor dem Start haute Jens beim Interview schon mal richtig auf die Tonne, so dass ein Sieg an sich Pflicht war. Aber erstens kommt es anders und zweitens als man denkt, denn den Sieg sicherte sich ein Berliner vor ihm. Dennoch habe ich Jens noch nie so leiden sehen, er wollte den Sieg unbedingt und er tat alles dafür. Aber nach der harten Trainingswoche war halt ein Anderer schneller. Timo wurde in einem guten Rennen auf sehr schmierigen Boden und endlosen Laufpassagen 4.. Mir persönlich gefiel am Rennen besonders gut, dass man am Streckenrand noch Schokiweihnachtsmänner essen konnte und trotzdem Spaß hatte.

Die Zeit bis zum Jahreswechsel verbrachten wir damit, unser Material den Wetter anzupassen. Nachts Frost, tagsüber Schneeregen, abends Tauwetter und/oder alles zusammen. Bei geschlossener Schneedecke versteckten wir uns im Wald, ansonsten mal wieder etwas Grundlage auf der Straße.
Jens, Timo, Carolin und Benni bereiteten sich auf das Silvesterrennen in Herford vor. So wie der allgemeine Straßenzustand war, war auch der Kurs. Hinzu kam, dass unsere Jungs sich hinten anstellen mussten und nur wenige Überholmöglichkeiten vorhanden waren. So wurde Jens in dem internationalen Feld zweitbester Deutscher auf Platz 9, Timo belegte Rang 12. Carolin und Benni belegten jeweils in ihrer Klasse den 9. Platz. Der sportliche Leiter war mit dem Leistungszustand zufrieden, denn die Formkurve zeigt Richtung DM nach oben.

Der Jahreswechsel wurde dann in der WG-Breitenfelder vollzogen. Timo und Yohannes legten die Scheiben auf, Axel und ich mimten die Discotänzer und Carolin bewachte die Tür. Es war eine nette Feier, und es sind keinerlei Verluste zu beklagen, außer vielleicht einiger meiner Gehirnzellen, die der Woddy abtötete. Als Vorsatz für 2002: NIE WIEDER ALKOHOL!

Rennbericht oder Klageschrift
des Stevens-Jeantex-Teams
[08. Januar 2002]

Die Woche nach der Währungsumstellung war eine schöne kurze Woche, in der man sich langsam wieder an die Arbeit gewöhnen konnte. Die WG-Bewohner hatten am "Day after" erst mal die A...-Karte gezogen, denn sowohl der Innenhof, als auch die Behausung musste wieder auf Hochglanz poliert werden.

Am Samstag stand dann mal wieder Grundlagenausdauertraining auf dem Plan. Der Hamburger Mob war fast komplett vertreten, lediglich Moritz kuriert irgendwelche Krankheiten aus. Bei Sonnenschein und mindestens -10°C robbten wir zusammengerottet raus aus der Stadt. Jens und Timo drehten nur eine kleine Runde mit uns, da am Sonntag ein Crossrennen gefahren werden sollte.

Das schöne am Hamburger Winter ist der Zustand unserer Straßen. Alle 30-er Zonen sind trockengeföhnt, Ausfallstraßen schwimmen im Streusalz und Radwege sehen aus wie Beachvolleyballfelder. Der Senat kauft aber wohl kostengünstigen Schotter aus irgendwelchen Satellitenstaaten. Diese reifenmordende Geröllstücke haben mir den ganzen Tag versaut, bei 4 Platten kommt nämlich keine Freude auf. Toll ist dabei, bei den netten Temperaturen die Flicken auf den Schlauch zu kleben. Trotz all dieser Pannen haben wir die 4 Stunden vollbekommen und haken den Tag ab.

Der Sonntag begann mit Blitzeiswarnung und Nieselregen. Ich schaute immer hoffnungsvoll auf das Telefon, aber es wollte einfach keiner das Training absagen. Schon etwas unter Zeitdruck dachte ich noch so bei mir, dass es ja gar nicht glatt ist, da lag ich auch schon. So lief die Zeit etwas weg und ich musste auf den Geraden mächtig Dampf machen, um noch rechtzeitig zum Treffpunkt zu gelangen.

Nur Yohannes und Axel waren noch so beknackt, sich raus zu wagen. Wir legten also los wie immer. Zu dritt macht aber so ein angesetztes 5 Stunden Training bei Nieselregen nicht wirklich Spaß. Dann begann bei Axel der Defektteufel sein Werk, oder waren es wieder die Geröllstücke? Nachdem er es aufgab den 26"-Schlauch in die Felge zu prügeln, flog seine Luftpumpe auch noch auseinander. Den Frust im Bauch und die Nässe in den Knochen entschlossen wir uns, die Runde zu verkürzen.

Auf den Weg nach Hause bekam Axel noch einen Platten, mit dem er sich aber noch in die WG retten konnte. Yohannes war heute total übermotiviert und hängte noch eine Runde ran. Mich erwischte es auf dem Heimweg auch noch zweimal. Die Geröllberge sind halt in Hamburg sehr einschneidend.

Das Crossrennen in Lohne-Vechta wurde von Benni, Jens und Timo in Angriff genommen. Die Jungs gaben auf gefrorenem, aber griffigen Kurs mächtig Gas. Benni wurde leider im Sprint geschlagen. In der Juniorenklasse siegte somit der Favorit für die DM, unser Mann hat aber eine reelle Chance nächste Woche. Jens und Timo haben beim letzten Test vor der DM unterschiedliche Erfahrungen gemacht. Timo ahmte Axel und mich nach, denn er hatte auch 2 Plattfüße, ferner stürzte er noch. Jens zeigt sich in sehr guter Verfassung und belegte Platz 2. Ein Däne kam am besten mit dem Kurs zurecht, dennoch ist Jens für die DM in Magstadt zuversichtlich.

Wir werden sehen, was da so rauskommt!

Winterzeit

Die Winterzeit ist die härteste Zeit für meine Trainingsgestaltung. Die Wochenende sind relativ normal zu bewältigen (siehe Berichte) in der Woche ist der innere Schweinehund der größte Feind. Als kurze Klage sei hier mal eine typische Danowoche eingestreut, die aufzeigen soll, dass eine gewisse Anomalie bei Sportlern durchaus vorkommen kann. Montags wird immer länger gearbeitet, damit genug Plusstunden auf der Stempeluhr vorhanden sind für lange Trainingstage. So nach 10 Stunden Fernsehgucken mit bunten Linien malen geht es direkt zum Shoppen, denn der Kühlschrank füllt sich ja nicht alleine. Nach dem Einkaufsstress geht es meistens nach mal für zirka 30 Minuten in den Hammer Park zum Joggen. Bevor ich dann beim „Heute Journal" einschlafe, wird noch ein wenig der Magen gefüllt und eventuell die Post erledigt.

Wie an jedem Wochentag schellt der Wecker auch am Dienstag um 5.00 Uhr in der Früh. Meistens arbeite ich Di., Mi. und Do. nur meine 8 Stunden, so dass ich gegen 16.00 Uhr auf dem Stevensbock hocke. Wenn man nun noch 4 Stunden fahren soll und will, dann sollte man sich warm anziehen und Beleuchtung am Rad haben. Irgendwann kotzt es einen einfach an, 3 lange Stunden im Dunkeln zu fahren. Man sollte dabei auch spezielle Strecken haben, denn im Scheinwerferlicht sieht die Umwelt einfach anders aus.

Der Freitag gestaltet sich meistens wie der Montag, außer dass der Kühlschrank nicht gefüllt werden muss. Stattdessen pflegt man den sozialen Kontakt mit Freunden auf den sündigen Meilen der Hafenstadt. Teilweise ist man aber auch so im A..., dass man nur versucht, mit Günther Jauch Millionär zu werden und dann in das Reich der Träume sinkt.

Und siehe da, da ist auch schon wieder Wochenende. Meistens gehe ich Morgens eine Runde Laufen, um mir meine Kornecken vom Bäcker zu holen. Nach einem ruhigen Frühstück wird teilweise noch der Haushalt gerichtet, bevor es auf das Rad geht. Pünktlich um 10.00 Uhr startet das Teamtraining in Bönningstedt, welches durch anliegende Berichte dokumentiert ist.

Der Nachmittag, sowie der Abend steht dann zur freien Verfügung. Sonntag rollert man gewöhnlich seine Einheit ab, bevor man das Wochenende mit Nichts vollendet.

Das Meisterstück

Der Altmeister ist tatsächlich Crosschampion
[*12. Januar 2002*]

Es hat sich viel ereignet, also los geht's mit dem Quältest, auch Stufentest genannt, bei dem MSG Hannover. Axel, Johannes und ich wurden mal wieder benutzt, um den Radergometer mal eine richtige Belastung aufzudrängen. Es endete so wie immer, nämlich völlige Erschöpfung plus eine vollgesabberte Atemmaske, die die Sauerstoffaufnahme misst. Doc Schneider war aber zufrieden mit uns, denn die Leistungsmerkmale haben sich im Vergleich zum letzten Jahr verbessert.
Jens und Timo waren die ganze Woche fleißig im Vorbereitungsstress zur Cross-DM. Am Mittwoch wurde im Gelände noch mal eine Vorbelastung gefahren, danach das Material auf den Einsatz getrimmt. Freitag ging es dann bereits um 8.00 Uhr auf in das Schwabenländle.

CROSS-DM in Magstadt; Er hat es endlich geschafft. Jens ist Deutscher Cross Meister und ich gönne ihm den Titel sehr. Er hat so viel geackert und getan, ein Titel im Elitebereich war aber nie dabei. Auf gefrorenem Boden ließ er zunächst seine Gegner gewähren, bis er dann Ernst machte. Zum bis dato führenden T. Nestle schloss er auf und sagte ihm, dass es jetzt los ginge. In der letzten Runde zog er dann am Berg am Horn und gewann überlegen den Titel. Timo rundete das Ergebnis mit Platz 7 ab. Bei den Junioren wurde Benni Hill Vizemeister, Markus erreichte als Fünfter das Ziel. Die Macht des Nordens hatte endlich wieder mal zugeschlagen. Moritz und Axel fuhren am Samstag ein Trainingsrennen in den Harburger Bergen. Sie können es einfach nicht lassen, Rennen zu fahren. Axel gewann souverän, Moritz belegte nach seiner Krankheit Platz 4. Johannes und ich hingegen machten mal wieder eine Vier-Stunden-Grundlageneinheit.

Sonntag waren wir dann 4 Teamfahrer plus 6 Geduldete, die um die Hansestadt rockten. Da Jens nicht da war, wurde ein verschleppendes Tempo sowie mal eine andere Strecke gefahren. Das Wetter war teilweise durchsichtig, aber ohne Sonne. Ohne erwähnenswerte Vorkommnisse erreichten wir irgendwann den Ausgangspunkt.
Alles bis jetzt Geschilderte ist zwar schön und nett, aber wahre Aktion erlebt nur Dano

selbst. Nach zähem Ringen mit meinem Geldbeutel bin ich nun endlich auch stolzer Besitzer eines tragbaren Computers. Rennberichte werden dann noch hübscher und schneller, wenn die Telekom mir eine freie Leitung schaltet. Nach den ersten positiven Erfahrungen mit dem Hightechgerät, wagte ich mich an die Änderungen von Bildschirmeinstellungen. Könnte ein Fehler gewesen sein, denn ich hatte nur noch einen schwarzen Bildschirm.

Pure Verzweiflung, schweißnasse Hände und die Bootdisk mit dem Format-C-Befehl im Laufwerk entschloss ich mich, den Systemadministrator Yohannes zu kontaktieren. Wutentbrannt rein ins Auto und ab zur WG. Dort angekommen wurde ich schon grinsend empfangen. Der Junge hat den Ernst der Situation nicht erkannt, dachte ich. Er drückte aber einfach eine Tastenkombination und der Bildschirm lief wieder mit Farbe und Bildern. Scheiße mit der Scheiße, wo ist meine Schreibmaschine. Nächsten Sonntag ist ein Frühschoppen mit dem Verein geplant, auch toll.

So plätscherte die Zeit ins Land, in der wir bei schlechtem Wetter und manchmal akuter Unlust versuchten, die Grundlage zu stählen. Ich hatte ja mein neues Spielzeug, den Computer, und somit noch mehr Stress an den Hacken. Meine Ungeduld wurde meistens mit dem totalen Systemausfall bestraft. Folge war, dass ich entweder mit teuren Hotlines telefonierte oder mit dem Rechner direkt beim Media Markt stand. Wollte ich ja so haben, dachte ich mir dann, außerdem kann ich das Ding auch einfach ausgeschaltet lassen und habe dann keinen Ärger mehr.

Dank meiner zahlreichen Freunde mit Computerkenntnissen (behaupteten sie zumindest immer) lief der Laptop im Wordmodus stabil. Man gibt sich auch mit kleinen Erfolgen zufrieden.

Stellt sich die K-Frage auch beim Stevens-Jeantex-Team?
[19. Januar 2002]

Eigentlich nicht, denn wir K-riegen immer was zu trinken. Auch K-önnen wir uns nicht über Trainingsrückstand beklagen. Der K-apitän ist und bleibt unser DM-Held Jens und auf der K-asperposition im Team gibt es auch keine anderen Bewerber. Somit blicken wir hoffnungsfroh Richtung Fuerteventura, denn hier ist das Wetter einfach nicht schön.
Zum Training am Samstag bin ich gar nicht erst gestartet, da es schon morgens wieder richtig regnete. Axel und Yohannes, die am Freitag noch mal Party machten, um die Silvesterreste nicht verkommen zu lassen, nahmen den späteren Trainingsstart will-

kommen an. Axel gab so richtig Gas und ließ am Abend und in der Nacht aber auch gar nichts aus. Er will nie wieder trinken, bis alle Lichter blinken!!!

Timo wollte noch mal Schnee sehen und fuhr deshalb zu Carolin. Oder wollte er Carolin oben ohne im Schnee sehen, wer weiß das schon. Moritz versuchte sich bei einem MTB-Trainingsrennen in Elmshorn. Der Restalkohol beflügelte ihn förmlich, bis ein Platten seinen Führungsdrang stoppte. Auch das geraubte Kinderrad vom Wegesrand half nichts, somit war er nur der Publikumsheld.

Zum Mittag hin wagte ich mich dann doch noch aufs Rad, denn ich renne sonst nervös wie ein Tiger durch die Wohnung. Nach absolviertem Programm fühlt sich der Dano gleich wieder besser, so dass die nervige Hausarbeit zu Clawfinger im Laserdreher wesentlich leichter fällt. Jens versuchte sich bei einem Worldcup-Crossrennen in Luxemburg. Seine ansteigende Form sowie seine gute Moral sorgten schon in der Woche beim Training für Bewunderung. Moritz meinte, dass die Schilderung des DM-Rennens genauso lange dauerte, wie das Rennen selber. Nebenbei fuhr Jens Führungen, die dem Rest der Gruppe das Laktat in die Beine trieb. Zum eigentlichen Rennen von Jens und Benny weiß MTB-race.com wohl mehr als ich.

Frühschoppen am Sonntag ist eine ganz feine Sache. Ausschlafen , kein Training und mit den Vereinsmitgliedern ausgiebig Brunchen. Jedes Jahr macht unser Verein (Harvestehuder R.V.) diese gelungene Veranstaltung in einer sehr netten Location. Mich wundert es allerdings jedes Mal wieder, wie viele Mitglieder der Verein so hat. Zur Wahl des stellvertretenden MTB-Fachwartes für innere Sicherheit kommen 3 Leute, zum Brunch reicht gerade die AOL-Arena aus.

Nachdem der Magen Sättigungsfülle erreicht hatte, wurde es doch noch mal ernst für mich. Der Verein ehrt jedes Jahr Sportler, die in der zurückliegenden Saison erwähnenswerte Erfolge errungen haben. Der Sieg bei der Salzkammergut-Trophy hatte wohl dem Ausschuss imponiert, so dass es einen riesengroßen „Fresskorb" gab. Beim Interview wurde ich allerdings förmlich ausgelacht, als ich betonte, dass ich ein Hobbysportler bin. Dieser Sachverhalt zeigte sich auf dem Rückweg, als ich auf dem Damenhollandrad mit Fresskorb und Platten im Regen um die Alster radelte. So etwas machen nur Hobby-Biker.

Die Anerkennung des Vereins fand ich toll, denn normalerweise heißt es immer, das ich nur das 5. Rad am Wagen bin und sowieso zum Inventar gehöre. Wenn aber die restlichen 4 Räder Platten haben, dann komme ich auch mal zum Zug, also besten Dank der „Familie von Hacht".

Gibt es wirklich nichts Neues!?

[27. Januar 2002]

Eigentlich passieren bei uns nicht jede Woche wirkliche Highlights, denn wir sind ja auch nur Menschen. So war es in den vergangenen 7 Tagen. Jeder hatte so seine gewöhnlichen Problemchen. Timo steht so'n bisschen im Klausurstress, Moritz findet sich so langsam in das Zivileben ein, Yohannes und Axel verkaufen fleißig Sponsorenequipment und ich quäle mich auch so durchs Leben.

Jens, der ja tatsächlich Deutscher Meister im Cross geworden ist, schwebt momentan auf Wolke 7. Neben konsequenter Vorbereitung auf die WM am nächsten Wochenende, rührt er mächtig die Werbetrommel. So ein Erfolg muss natürlich auch entsprechend bei den Medien umgesetzt werden, denn von alleine läuft da leider auch nichts. Zur WM-Fitness ist Jens auf dem bestem Weg. Zahlreiche Kilos hat er mühsam abtrainiert, die wir uns auf Fuerteventura für viele Pesetas in Form von Leckereien erkauft hatten. Die Grundlageneinheiten mussten weichen gegen harte kurze Trainingsprogramme, wo die Rennbelastung simuliert wird. Der Wettergott spielt momentan aber mit, denn die schnellen Einheiten sind bei Frost wesentlich härter.

Samstag stand mal wieder Grundlagentraining auf dem Plan, allerdings mit Kraft am Berg. Soll heißen, dass wir schon über und unter unserer Elbe Richtung Harburger Berge radelten, um dort zu trainieren. Auf ungewohnten Wegen fuhren wir trotz schlechten Wetters durchs Alte Land. In Harburg stand dann der Berg, der 5 Mal im dicken Gang beradelt wurde. Das gibt Druck und lässt die Oberschenkel fast platzen. Aber wir wollen das ja.
Dementsprechend war der Start am Sonntag schon etwas hart. Wieder in den Harburger Bergen, aber diesmal mit dem MTB, ging es zum fröhlichen Dreckschlucken. Die Forst- und Singlewege waren etwas feucht. So sahen wir nach 10 Meter alle gleich aus und die Schaltung knisterte und knatterte. Nach 30 Minuten locker einrollen war auf einer Runde 1 Stunde zügig biken angesagt. Ich habe diese Trainingsform im Winter nicht vermisst und ich weiß auch warum. Denn jetzt am Abend spüre ich wieder jeden Knochen.

Den anderen Teamfahrern geht es ähnlich, denn bei der Einrichtung meines Computers bei Timo mussten wir die Spätschicht abbrechen, da entweder mein oder Timos Kopf auf die Tastatur kippte. Wenn wir aber alles richtig gemacht haben, was ich bei Computern immer bezweifele, habe ich jetzt auch einen Internetzugang. Ob das wirlich die richtige Entscheidung war? Wir werden es sehen.

Die Grundlagen der Berichterstattung

Jeder glaubt an irgendwelche tiefgründigen Recherchen, die ich nebenbei so betreibe, oder? Ist Unsinn, denn mit der neuen Schreibmaschine mit Intel inside habe ich die Grundlagen für eine schnellere und ausführlichere Berichterstattung gelegt. So kann ich mal eben niederschreiben, was ein Radfahrerhirn so denkt. Wahrscheinlich würde jeder Psychologe die helle Freude an mir haben, aber die „Götter in Weiß" meide ich sehr gerne. Herr K. Gierhahn, mein Entdecker und Sonderschulpädagoge, sah in mir schon die eine oder andere Fachniederschrift bestätigt. In früheren Trainingssessions berichtete er dann stolz, dass er in der Vorlesung wieder Beispiele aus der Realität zur Verfügung gestellt hatte. Gott lob blieb zumindest mein Name im dunkeln.

So sitze ich nun im Zweifingersuchmodus vor der Tastatur und schreibe alles nieder. In der Woche gibt es nicht so viel Erwähnenswertes, denn da bin ich mir selber überlassen. Teilweise hat man nach 8 Stunden Computerarbeit am Tage auch null Bock auf Bildschirmgeglotze am Abend. Da ist so ein richtiges Stretching doch wesentlich angenehmer.

Cross-WM 2002 in Zolder
[03. Februar 2002]

Nun sitze ich genüsslich zu Hause und habe alle Informationen Online zur Verfügung. Jens trug die deutschen Farben bei Sonnenschein und Frühlingstemperaturen zur Schau. Er fuhr ein sehr gutes Rennen, denn er belegte den 20. Platz. Zwar hören sich 3 Minuten Rückstand viel an, aber so ein Abstand kommt schnell zusammen, wenn sich die 3 Belgier vorne einig sind. Somit hat Jens als bester Deutscher eine solide Vorstellung geliefert und wir fürchten uns jetzt noch mehr vor dem anstehenden Trainingslager.
Benni Hill zerstörte am Anfang des Rennens seinen Bremshebel. Danach lief es dann leider nicht so wie geplant. Er kam einfach nicht mehr richtig in Schwung und wurde 34. Kopf hoch Benni, denn das war bestimmt nicht deine letzte WM. Aber wie heißt es so schön: „Wer bremst, verliert". Also Finger weg von den Bremsen.
Eigentlich dachte ich, dass wir erst ab nächster Woche in der Wärme trainieren können. Das Wetter gab aber so richtig Gas und ließ die Sonne richtig brennen. Am Samstag noch mit Überschuhen, Thermojacke und Mütze machten wir ordentlich Gewicht, denn wir schwitzten wie

die Großen. Da wir aber lernfähig sind, war die Kleidung am Sonntag entsprechend ange-
passt und die Grundlagenausfahrt wurde zur Genussfahrt.
Sowas macht natürlich wieder richtig Spaß. Das auf Hochglanz polierte Rennrad rollt
eben doch leichter, als das Schlechtwetterrad mit Schutzblechen und verrosteten Schalt-
zügen. So wundert es auch nicht, dass man den Schnitt locker auf über 30 hochzog.
Der Heimweg durch die Hansestadt wurde zur Stevens-Jeantex-Show. Vor jeder Eisdiele
oder Konditorei zogen wir das Trikot zurecht und zogen noch mal richtig am Horn. Selbst
die sonst genervten Autofahrer schauten neidisch auf die wohl sportlichsten Hansea-
ten, die gekonnt in Doppelreihe auf der Busspur den Stau umfuhren.
Kommendes Wochenende starten wir zum Marathon und Trainingslager nach Fuerte-
ventura. Mit einer starken Mannschaft werden wir die erste Woche gemeinsam auf dem
MTB das Gelände unsicher machen. Der Marathon am 16. Februar ist dann das erste
Antesten der persönlichen Form. Hunde pinkeln irgendwo hin und das Revier steht.
Mountainbiker schinden sich 2.5 Stunden mit dem gleichen Ergebnis.

Auf Wunsch meiner Teamgefährten gibt es nun die Rubrik: Computer und Dano. Das Bild
habe ich jetzt auf dem Fernseher und ich musste die Festplatte nur einmal formatie-
ren. Den Sound auf die Hifi-Anlage zu bekommen, ist genauso einfach, plug & play. Die-
ses Unwort hasse ich, denn es bescherte mir zwei Ausflüge zu Saturn und eine schlaflose
Nacht mit Kopfschmerzen. Am Ende war es wieder ein Haken in irgendeinem Feld. Ein-
stellung – Systemsteuerung – Sounds und Multimedia – Volumecontrol – 3Depth Balan-
ce – Erweiterte Einstellung – Haken bei 3D Enable, alles klar!?

Man kann also an diesem kleinen neuen, und treuen Begleiter sehr viel herumspielen,
ohne wirklich etwas zu bewirken. Dies zeigte sich auch wieder auf unserer Ferieninsel
Fuerteventura. Dort wurde, wie die vergangenen 5 Jahre auch schon, der legendäre Fuer-
temarathon ausgetragen, und man zählte auf unsere Anwesenheit. Alle schleppten ihre
Computer mit, der Netzanschluss zum heimischen Server blieb aber verwehrt. So konn-
te man nur daddeln und CD´s hören sowie Yohannes Bildchensammlung bewundern.

Mit dem Stevens-Jeantex-Team auf Fuerteventura
[*19. Februar 2002*]

1, 2 Fly, bei diesen Preisen muss man Reisen, denn der Sponsor zahlt und Dano lacht.
Was sich locker anhört, spiegelt nicht die körperliche Anstrengung während des Trai-
ningslagers wieder. So ein Tag beginnt mit Frühsport und Dehnübungen, bevor es zum
Müslitanken geht. Danach stehen entweder eine lange Geländeeinheit oder 2 kurze har-

te Einheiten auf dem Tagesplan. Abends sind dann nochmals Dehnung und/ oder Bauch-muskelübungen im Fitnesscenter zu absolvieren.

Wen wundert es dann, dass das Disconightfever nur vor den erholsamen Ruhetagen in Angriff genommen werden kann. Hierbei helfen dann auch nur die Colakoffeinmännchen, damit die Augenlieder nicht vorzeitig das Aus signalisieren.

Wir wollen uns aber nicht beklagen, da der Club Trendorado ein perfektes Trainings-umfeld bietet und die weibliche Animation zu manchen Höchstleistungen treibt. In den Ruhephasen hätte ich gerne schon zwischenzeitlich ein paar Zeilen zum Besten gege-ben, aber das neue Medium funktionierte leider diesmal nicht. So kommt es, dass es diese Woche 2 Berichte gibt und dann noch nicht mal aktuell. Tschuldigt, nächstes Mal nehme ich halt ein langes Telefonkabel mit.

Bereits am Dienstag stand gemeinsames Geländetraining an. Die Neuzugänge mach-ten erst mal große Augen, als Jens mal wieder die Küstenstraße entlang raste. So ging es aber bis jetzt allen Fremdkörpern, und lasst euch gesagt sein, man gewöhnt sich an alles. Denn locker einrollen heißt nicht immer wirklich entspannt zum Trainingsberg zu fahren.

Zuversicht vor dem Marathon auf Fuerteventura (v.l.n.r.: Dano, Verena, Robert, Timo, Wolfi)

Das schöne, sonnige Wetter und der Wind zogen zum einem die Kraft aus den Schenkeln, zum anderen wurden einige von heimtückischen Erkältungsviren besucht. Carolin, Mette und auch Axel kämpften mit laufenden Nasen und überhöhten Temperaturen.

Am Freitag war dann Ruhetag mit Fotoshooting, also der genaue Gegensatz, denn auf steile Berge krabbeln und gut aussehen ist – besonders für mich – anstrengender, als richtig Rad zu fahren. Dennoch waren wir optimistisch für den samstägigen Marathon. Carolin ließ den Marathon sausen und Axel stieg nach der Hälfte aus.

Siegerpodest „alte Männer" Fuerte-Bike-Marathon: Dano, Jens und Robert

Der Rest des Teams belegte alle vorderen Plätze. Es wäre jetzt langweilig, alle Platzierungen aufzuzählen, denn das S-J-T hat jede Einzelwertung gewonnen. Ich glaube, alle waren mit ihren Leistungen zufrieden, außer der Plattenkönig Dano. Die sportliche Form war vorhanden, einmal vorne mitzuheizen, zwei Reifendefekte bremsten aber den Tatendrang. Nach Frustrationsbewältigung à'la Dano – 50 Kilometer Straftraining – ging es wieder besser, so dass wir die Siege und Benni's Geburtstag ausgiebig feierten.

Gerade Wolfram und Verena lernten so das Team von der intellektuellen Seite kennen. Wolfram wurde mitleidig bedauert, da er entweder mit den Mädels trainieren , nachts den Boiler reparieren oder das Bett mit Yohannes' Mitbringsel teilen musste. Verena wurde der Genuss von bewusstseinserweiterndem Berauschungsmittel nahe gebracht. Das könnte ein Fehler gewesen sein, denn sie wurde ein kicherndes, kekseknabberndes Wesen, welches den Sekt direkt hinter dem Tresen klaute.

Wir bekamen aber dafür eine kostenlose Unterhaltung mit schwäbischen Leckerbissen. Ich sag nur: „Uz die Schildmützen". In diesem Sinne vergnügen sich einige Fahrer diese Woche noch im Club, während ich den Schneeregen bewundere. Nächste Woche erfolgt der Bericht wieder in geregelten Formen

Kilometer für Melonen

Im Winter ist das Leben dann mehr schlecht als recht, denn die Dunkelheit beim Training, sowie die schlechte Witterung machen auch hartgesottenen Naturen zu schaffen. Da helfen dann nur das fetzige Fitnessstudio oder die abendlichen Kneipengänge, die Abwechslung in den Alltag bringen. So dunkel ist es aber auch nicht, denn neumodische flexible Arbeitszeitregelungen verschaffen spontan bei schönen Wetter entsprechend Luft für Trainingsrunden bei Sonnenschein. Auch naht nach 5 mal um 5 Uhr Aufstehen das Wochenende und da ist immer alles gut, meistens zumindest.

Rennberichte oder Wetterberichte
[26. Februar 2002]

Nach Aussagen von unabhängigen Sachverständigen erfolgt immer eine Bestandsaufnahme der Großwetterlage. Dies ist richtig, denn der Mountainbikesport ist auch eher im Freien angesiedelt und ferner muss ich nur noch 98 Jahre diese Berichte schreiben, damit ich meinen eigenen 100-jährigen Kalender habe.

Das Winterwetter hat wieder die norddeutsche Tiefebene erreicht und strapazierte damit unsere Trainingsmoral. Die vergangene Woche wurde noch entspannt mit ein paar Laufeinheiten bestritten, so dass eine Gewöhnung an die Temperaturen stattfinden konnte. Ab Samstag wollten wir dann normal mit Grundlage und Krafteinheiten das Training in der Hansestadt wieder beginnen, dachte ich.

Als ich so verschneit am Treffpunkt stand und keiner da war, kam ich ins Grübeln, ob es wirklich schon dieses Wochenende war, oder ob das Wetter sich für unsere Sonnyboys zu schlecht gestaltete. Auf dem Weg nach Hause hatte ich dann das klärende Erlebnis, welches mir sagte, dass das Wetter zu schlecht war. Der Schneepflug, der sich langsam in meinen Windschatten gesaugt hatte, schüttete mir beim Überholen den kompletten Schneematsch von oben in die Schuhe, um danach die offenen Wunden mit Streusalz zu versorgen.
Um den Tag nicht ungenutzt verstreichen zu lassen, entschloss ich mich, die WG-Bewohner mit meiner Anwesendheit zu belästigen. Außerdem stand dort auch nagelneues Material von den Sponsoren, welches man immer rechtzeitig an sich nehmen sollte. In

der WG sah es aus wie nach 2 Wochen Luftangriff von B52 Bombern. Die Erklärung ist aber eher einfach: Da die Bewohner erst einen Tag zuvor aus Fuerte eingetroffen waren, fehlte die Zeit zur Stubenreinigung. Yohannes nutzte die Wäschehaufen, um mit dem ferngesteuerten Modellauto heiße Sprünge zu proben. Timo war erneut beim Packen, denn die Liebe zog ihn magisch nach München.

Chaos-Axel macht seinem Namen wieder alle Ehre, denn diesmal hat er sich alles entzündet, was da im Hals-Rachen-Raum so rumhängt. Der Typ hat immer Pech, denn so verliert er leider nochmals eine Woche Training. Die Antibiotika- Kur hemmt natürlich den Bewegungsdrang und frustriert nebenbei mächtig. Wenn Axel aber bis Mallorca erneut im Saft steht, dann kriegt er dort halt den letzten Schliff für die Grundlage. Auch unser Zivibock (Moritz) ist kränklich nach Hause gekommen. Am letzten Trainingstag holte er sich einen Hitzeschlag und legte sich danach sofort nieder. Wie würde Mama Dano sagen: " Wie oft habe ich Dir gesagt, Du sollst nicht ohne Mütze und Creme aufs Rad, mmmh!"

Jens hat sich mit der Saisonplanung beschäftigt, sowie mit Doc Schneider Ernährungspläne für Mallorca erstellt. Nach dem ersten Einsehen dieser Pläne stellte ich ernüchtert fest, dass diese wohl nicht für mich gelten können, denn sowohl das Grundnahrungsmittel Nutella als auch die Fernsehbeilage Pringles Cheese and Onion wurde dort vergessen. Hiermit bitte ich um Nachtrag der fehlenden Ernährungsbausteine.
Da ja in den Wochen nichts Aufregendes passiert, erdichtet man so seine Berichte. Die WG-Breitenfelder lebt so vor sich hin und Jens S. tüfftelt im verborgenen Pinneberg neue Trainingsmethoden aus. Zumindest teilte er es uns so mit, wahrscheinlich regeneriert er eher von seiner Crosssaison. Es kann aber auch sein, dass Jens Abwesenheit durch vermehrte Anweisenheit bei Jeantex in der Entwicklungsabteilung zu tun hat. Dort sitzt er am Computer und spielt mit der Farbskala neue Kreationen durch. Ferner versucht er, die Fachverantwortlichen immer von seinen neuesten Ideen zu überzeugen, welches bei konservativen Hanseaten viel Arbeit bedeutet.

Unsere Radmafia hält sich im Winter auch sehr bedeckt, da sich sowohl das Oberhaupt, als auch beide Brothers abwechselnd auf der Partyinsel Mallorca befinden. Von dort werden E-Mails im Telegrafenstil versandt, um die Untertanen anzuweisen, was zu tun ist. Der kurze Anweisungsstil hat aber auch andere Gründe. Ein guter Deal unter Freunden bescherte Werner einen Laptop mit allem, was die IT-Branche zur Verfügung stellt, allerdings ohne die Vorortinstallation bei der Telefonica. So macht sich der Chef persönlich auf ins Internetcafe, um seinen E-Mailverkehr zu erledigen. Wir würden uns natürlich anbieten, die Einstellungen vor Ort in der Finca vorzunehmen, allerdings ist das Hauptquartier für uns nicht zugänglich. Warum ist das bloß so?

Wir wollen zurück ins Lager!

[04. März 2002]

Es ist schon erstaunlich, dass SKS-Sondereinheiten in fernen Kriesengebieten entdeckt werden und wir hier ganz unbedarft unsere Runden ziehen. Wenn die Nation wüsste, dass im Norden das Spezial-Stevens-Räumkommando sich akribisch auf die nächsten Einsätze vorbereitet, dann wäre unser Rudolf S. nur noch bei seiner Liebsten planschen. Da wir oder zumindest ich nur in dunkler Nacht mit der neuen Infrarotbrille von Cratoni trainiere, wird der Entdeckung zielstrebig entgegengewirkt.

Es war aber ziemlich hart in der vergangenen Woche, denn das Wetter war hier etwas windig. Gegen den Wind raus aus der Hafencity mit teilweise 12 km/h und Kratern im Gesicht durch waagerechten Regen. Hat man aber so eine gewisse Distanz bewältigt, freut man sich um so mehr auf den Highspeedgenuß auf dem Rückweg. Was ist schon Schumi in seinem F2002, wenn ich auf dem M9 nur 10 Sekunden brauche, um auf 50 km/h hoch zu beschleunigen. Allerdings musste man im Rausch der Geschwindigkeit ab und zu auch mal über liegende Bäume springen.

Wen wundert es dann, dass man zurück ins Trainingslager möchte. Ab nächster Woche ist dann das komplette Team für zwei Wochen auf der Radinsel Mallorca. Die spannende Radfrage, „Rennrad oder MTB?", ist nun auch geklärt. Mädels das Rennrad und wir Stehpinkler das MTB. Ausgleichende Gerechtigkeit nennt Jens diese neue Methode, denn so müssen wir auf den langen Einheiten mächtig kurbeln. Allerdings sind so natürlich auch einige Geländeeinheiten möglich, hurra!

Am Samstag waren dann nur 3 Teamfahrer beim Training. Moritz und auch ich drehten aber vorzeitig ab, denn wir beiden kämpften jeweils mit unserer eigenen Erkältungen. Yohannes ist auf „Arbeitsurlaub" in einem neuen Bundesland. Axel wird langsam wieder gesund, aber an Training war noch nicht zu denken. Die Schöne und das Biest sind immer noch in München. Toll, wenn man Semesterferien hat, oder!? Das wird sich aber auch mal ändern, weshalb man diese Zeit auch genießen sollte.

Sonntag war dann wieder einer dieser Tage, wo ich mich nachher immer frage, warum tust du dir so etwas an. Es begann alles normal, also am Treffpunkt nur Herr Wiedenroth (Ex-Gefährte von Jan U.) und ich. Doch dann kam er doch noch, der sportliche Leiter. Die Ruhe war nun vorbei, denn es wurde jetzt hurtig gefahren. Meine Erkältung wurde aus dem Kopf geweht und Herr W. verdreht auch nur noch die Augen. Nach zirka 3 Stunden fuhr Jens ohne irgendeine Bemerkung einfach davon, da ihm wohl ohne Überschuhe *bei 2° C etwas kühl geworden war. Ich lasse mal meine Bemerkungen, aber ich werde zu gewisser Zeit die entsprechende Antwort geben. Wenn die Technik mitspielt, kommen die nächsten Berichte direkt aus dem Camp.*

Als dienstältester Teamfahrer kennt man die Gepflogenheiten seiner Gefährten, da macht man sich also nicht so große Gedanken über Sinn und Zweck bestimmter Verhaltensweisen. Teilweise erfolgen diese Schilderungen auch nur für den Pädagogen K. Gierhahn, der diese wissenschaftlichen Auswertungen unterzieht. Wir warten somit alle auf entsprechende Niederschrift des Herrn G. mit Analysen und Schlussfolgerungen. Ich hingegen rege mich zuerst richtig auf, sobald ich aber mein Rad in den Keller geworfen habe, ist es meistens schon wieder vergessen. Grundbedürfnisse wie Essen und Schlaf sind dann nämlich einfach verhaltensdominierend und verdrängen den Rest. Nach der Körper- und Magenpflege kommt das wohlige Gefühl, welches einen in den Schlaf wiegt. Nach diesem Regenerationsschlaf ist sowieso das Leben wieder im Lot.

So genießt man die beiden Tage am Wochenende. Während normale Menschen sich von der Arbeit erholen, schenken sich Radfahrer durch lange Grundlageneinheiten richtig einen ein. Montags steht dann, Gott sei Dank, wieder der Beruf im Vordergrund, wo einfaches Sitzen und das Bewegen der Mouse-Hand die einzige körperliche Bewegung ist. Im Hinterkopf ist schon die Vorfreude auf 2 Wochen Trainingslager, wo endlich mal nur Radgefahren werden darf.

Malle für Alle

Endlich ist sie da, die schöne Zeit. Frühsport, Frühstücken und dann endlich Rad fahren. Man mag glauben, dass man dies sowieso nur tut. Dennoch ist so ein Trainingslager für mich wie Urlaub, denn nach absolvierter Arbeit ist Ausspannen angesagt. Einfach die Seele baumeln lassen und die Beine hochlegen. Nichts im Hinterkopf, wie zum Beispiel du musst noch dies und das tun.

Das siebzehnte Bundesland

[11. März 2002]

Die Ferieninsel der Deutschen wird nicht nur zur Ballermannzeit von Heerscharen besucht, sondern auch im Frühjahr treffen sich dort eigenwillige Menschen. In hautengen, knallbunten Klamotten, Balletttänzer wären neidisch, sitzen sie auf Fährrädern und radeln über die Insel. Selbstredend bereiten sich auch professionelle Teams, wie das Stevens-Jeantex-Team, hier auf die Saison vor. Wenn wir mit zirka 20 Mann/Frau im neuen blausilbernen Dress in Doppelreihe über die Küstenstraße rasen, dann hat das natürlich einen anderen Charakter. Der Abschied von Deutschland fiel an sich nicht schwer, denn das Wetter war in der vergangenen Woche wieder etwas eigenwillig. Von Sturm und besagtem Waagerechtregen bis hin zu tulpensprießendem Frühlingstag war alles am Start. Das schönste ist aber, dass jetzt das bekloppte Training im Dunkeln ein Ende gefunden hat. Wenn wir nämlich in 2 Wochen wieder in der Hafenstadt sind, dann ist es auch am Abend hell.

Vor unserem Start auf die Insel war wieder Stress hoch 3 angesagt. Unsere obere Führungsriege mit den Herren v. Hacht, Jens und Marcus Burghard, der jetzt 2. sportlicher Leiter ist, hatten wohl mit der Teilnehmerliste Puzzle gespielt. Wie das dann so ist, man verliert mal ein Teil. Diesmal war es Mette, die überhaupt nicht gebucht worden war. So nahm dann das Schicksal seinen Lauf. Du musst noch den Karton mit den Teamsachen und dies und das hier dort mit hinnehmen. Schlussendlich sind wir alle mit Fahrrädern hier und nackt muss auch nicht gefahren werden.

Wieder direkt an der Promenade von S`Arenal haben wir uns im Hotel LEMAN eingenistet. Wir sind sehr angenehm vom Komfort, Essen und der Anlage überrascht. Da hat der Sponsor doch noch mal ins Richtige investiert, finde ich. Die neue Teambekleidung, die wir am Freitag noch bekommen haben, ist auch wieder toll. Das Erscheinungsbild ist identisch geblieben, lediglich das Sponsorenmemory wurde neu gespielt.

Ein Lichtblick in der Weihnachtstüte waren die Rennsocken, denn seit '97 gab es davon am Anfang der Saison noch nie welche. Der neue Pulsmesser von Polar ist, so glaube ich, auch eine Granate, denn der hat wohl mehr Einstellmöglichkeiten als die Steuereinheiten von Langstreckenraketen. Auch die MTB's von Stevens waren rechtzeitig aufgebaut, damit sich im Lager schon mal an die geänderte Sitzposition gewöhnt werden kann. Mit dem farblich abgestimmten Silberschuh von Shimano sehen wir einfach zu geil für diese Welt aus.

Intervalle im Trainingslager auf Mallorca

Hiermit dankt das Team den zahlreichen Sponsoren für die neuen Dinge rund ums Radfahren. Wir werden es mit Siegen „bezahlen", beziehungsweise ich werde vor der Eisdiele immer eine gute Figur machen, versprochen.

Sonntag halb zehn auf Mallorca und kein Zimmer für die Sportler, das ist hart. Nach zirka 4 Stunden warten und Radaufbau ging es dann erst mal für 90 Kilometer auf die Leuchtturmrunde, um die müden Beine zu bewegen. Am Montag, dem ersten richtigen Trainingstag, wurde dann um 7.30 Uhr zum Frühsport gerufen. Nach 20 Minuten Laufen und anschließenden Leibesübungen ging es zum Nährstofftanken. Schlag 10.00 Uhr quälten wir uns mit zirka 1.000.000 anderen Radfahrern über die Küstenstraßenwellen. Es wurde eine schöne fernsehbegleitete Grundlageneinheit, bei der am Ende 180 Kilometer und eine Durchschnittsgeschwindigkeit von 33 km/h auf der Uhr standen. Die letzten Meter taten aber durchaus weh, denn auf dem MTB ist das schon ordentlich. Die Mädels und Junioren durften früher abdrehen. Wenn ich mich weiter gut fühle, dann gibt es häufiger mal etwas von uns.

Wer sich jetzt fragt, weshalb ein Bericht gesendet werden konnte und der andere nicht, dem sei gesagt, dass der erste Bericht schon fertig war, bevor wir uns um die Telefonanlage gekümmert hatten. Im nachhinein fehlte dann die Lust und Kraft für entsprechende Umformulierungen. Man ist im Trainingslager schon genug mit sich und dem Sport beschäftig, so fehlt einem einfach die Power für solche Kleinigkeiten.

Da macht man jeden Tag nichts anderes als Frühsport und Radtraining, dennoch werden Dinge, die man schon immer erledigen wollte, auf die lange Bank geschoben. Mein Vorsatz war es zum Beispiel, unsere Trainingsaufzeichnungen und Berichte zu sichten und zusammenzufassen. Zuerst setzte ich mich mal eine halbe Stunde ans Laptop, später vertröstete ich mein schlechtes Gewissen auf den nächsten Tag. Selbst am Ruhetag bekam ich dann auch nichts gebacken, denn der Besuch im Supermarkt war lebensnotwendig. Außerdem kann ich am Ruhetag auch nicht auf ein wenig Radfahren verzichten.

Zumindest war ich diesmal völlig entspannt im Gegensatz zum Jahre 2000, wo ich nicht abschalten konnte und alle Leute dumm von der Seite angemacht habe. Nein, diesmal totale Kopffreiheit und der Wille, viele Kilometer abzureißen. Jens meint zwar immer, dass viel nicht unbedingt hilft, mein Ego findet das aber super, wenn ich mehr gemacht habe als die anderen Teamfahrer.

Allerdings holten mich Jens` Worte an dem Tag ein, an dem intensivere Intervalle gefahren werden sollten. Komischerweise kam ich nicht aus dem Quark und meine Kollegen hängten mich ab. Ich wusste warum und schwor auf Besserung, auch wenn Jens keinen Kommentar dazu abgab.

Hallo CEBIT, Scheiße mit der Scheiße
[12. März 2002]

Es scheint so, dass wir Technikfreaks auch nichts gebacken bekommen, denn selbst von hier kommt keiner ins das WorldWideWeb. In der Bundesbahn und sogar im Flugzeug klappt so was, aber nicht aus dem Hotel. Gibt natürlich Abzüge in der Hotelbenotung. Das Training ist recht ordentlich, denn zumindest liege ich etwas verzerrt auf dem Bett. Nach dem täglichen Frühsport und dem Frühstück ging es diesmal 10 Minuten früher auf die Küstenstraße. Die Massen waren noch im Hotel und wir hatten freie Bahn mit Marzipan. Nach zirka einer Stunde Einfahren ging es auf 15 Kilometer in Vierer-Mannschaften dann schon mal zur Sache. Mit zirka 43 km/h schossen wir so an einigen anderen Gruppen vorbei und schulten dabei noch die Trittfrequenz.

Nach 3 Wiederholungen hatten wir dann genug gespielt und Jens schickte die Mädels und Kinder nach Hause. Die Elitefahrer können ja nie genug bekommen und deshalb nahmen wir noch mal Randa in Angriff. Dieser Berg steht da so rum und lässt sich hervorragend zum Krafttraining missbrauchen. Am Ende des Tages hatten wir dann fast 6 Stunden und 180 Kilometer auf der Uhr. Das war schon wieder ordentlich.

Da ja bekanntlich Steigerungen der Weg zum Erfolg sind, war die logische Konsequenz der 200-er Ritt. Schöne 16-Manngruppe, ein saftiger Anstieg auf Kraft und sonniges Wetter. Das Herz lachte, die Fußsohlen und der Arsch nicht. Die letzten 30 Kilometer waren dann nochmals mit Kraft, also dicker Gang, zurückzulegen. Auch ich, der Held der Langstrecke, hatte am Abend wirklich genug vom Radfahren.

Aber nach 3 Trainingstagen folgt der Ruhetag. Wie immer an solchen Tagen, werden dann Fernsehaufnahmen für Sponsoren gemacht. Morgens die Mädels bei einer freien Aussprache, was dabei wohl rauskommt? Abends im wunderschönen Sonnenuntergang sind dann die Elitefahrer mit Actionaufnahmen dran. Es ist pure Entspannung 10 mal irgendwelche Rampen hochzuschießen, zu lächeln und nicht die hellblaue Hose mit dunklen Schweißrändern zu versehen. Wir waren jung und wir brauchten das Geld.

Krafttanken hieß es dann am Freitag. Hin zum Berg in der Gruppe, dann jeder auf eigene Gefahr 4-6 mal den Berg zirka14 Minuten auf Kraft hochkurbeln. War ein tolles Bild, 16 Fahrer über den kompletten Berg verteilt zu sehen. Die Sonne und der phantastische Ausblick vervollständigte das Bild eines perfekten Trainings. Gekrönt wurde der Tag mit einem lockeren Ausrollen am Abend beim malerischem Sonnenuntergang zwischen Windmühlen und startenden DC-10-TUI-Bombern.

Der Samstag war wieder leicht bewölkt, Schneeverwehungen wie in Deutschland sind aber nicht gesichtet worden. Mein Lieblingsprogramm war diesmal am Start, Mannschaftstraining in Vierergruppen auf Trittfrequenz. Wenn der Popo schon juckt, ist dies wirklich ein tolles Erlebnis. Entsprechende Nerven werden aber irgendwann absterben und alles wird gut. Im Team wird das Wir-Gefühl auch weiter gestärkt durch abendliche Aktivitäten mit Fruchtsaftcocktails und Strohhalmen lang wie Laternenpfähle.

Um den Dreierblock zu komplettieren, stand noch mal 6 Stunden Grundlage auf dem Plan. Im lockeren Tempo fuhr das ganze Team raus aus Arenal. Nach zirka 2 Stunden trennten sich dann die Wege. Die Jungs nahmen noch mal einen Berg mit. So ganz locker wurde dieser aber nicht genommen, was sich beim schielenden Blick auf fremde Pulsuhren zeigte.

Kleine Kämpfe bereichern das Training ungemein, denn wenn die Beine mehr brennen als der Po, ist Abwechslung geboten. Doch dann kam auf einmal Regen auf. Bei der Flucht vor dem Nass zeigte sich unsere Angeschlagenheit, denn nach zirka 45 Minuten waren wir wieder an der Tanke, an der wir zuvor Kohlehydrate aufgetankt hatten. In Regenjacken und eingesauten Rädern bogen wir dann nach zirka 5.5 Stunden auf die sonnendurchflutete Promenade. Die Mädels, die eine andere Richtung eingeschlagen hatten, kamen kurz vor uns ins Ziel. Allerdings ohne geflutet worden zu sein.

Jetzt ist wieder ein Tag der Besinnung. Dieser Tag wird so begangen, wie es sich für einen Regenerationstag gehört. Ausschlafen, genüsslich Frühstücken, Schlafen und dann mal sehen, was der Tag so bringt. Armin K., der Pressemann, kam schon wieder auf die Idee, Fotos und Ähnliches zu machen. Wir sind aber einfach weggelaufen und haben unsere Türen von innen verriegelt.

Wir sind drinnen

[19. März 2002]

Armin hat uns erlöst und die Vorwahl vor der Vorwahl des spanischen Netzbetreibers verraten und schwups waren wir online. Wundert Euch also nicht, wenn der gewohnte Rhythmus der Berichterstattung etwas in Schieflage geraten ist, wir wundern uns schon lange nicht mehr. Der gestrige Ruhetag wurde gekrönt durch die Anwesenheit des Hauptsponsoren Herrn von Hacht. Nachdem über unsere Frisuren hergezogen worden war, kam er doch noch zu ernsten Themen. Es folgte ein Schnellkurs in Vertragsrecht am Beispiel von Co-Sponsorenforderungen. Neben dem Nützlichen, welches man dabei gelernt hatte, fehlte leider der Bezug zu meinem Vertrag für 2002, der immer noch in der Post ist, oder?!

Trotz fehlender Rechtsgrundlage nahmen wir das Training wieder voller Begeisterung auf. Zweierblock mit erhöhter Intensität und Doppeleinheiten standen an. Bereits um 9.30 Uhr machte sich das komplette Geschwader auf, die Festung am Berg Randa zu erstürmen. Nach gut einer Stunde Einrollen sollte der Berg 5-7 mal auf Kraft eliminiert werden. Bei Sonne und guter Fernsicht zerrten wir die Ketten wahrscheinlich weit über Rp 0.2 (bleibende Dehnung 2%). Was soll's, Hauptsache die Kraft wächst. Bergab schrubbten wir den zölligen Slick an die Quietschgrenze und überholten alles was Räder hatte, wie zum Beispiel Touristiker, Mietwagen und Reisebusse im kurveninneren.

Zurück im Hotel stand dann die Fastregeneration an. Waschen, Föhnen und Müslifassen, damit wir das abendliche Training ohne Hunger überstehen. Liegend im Bett und Bärbel Schäfer mit fiesen Talkgästen im Fernsehen, da fallen auch schon mal die Äuglein zu. Das lockere Rollen befreit dann doch, obwohl die ersten Meter wirklich nicht schön sind.

The day after wurde gefüllt mit 5.5 Stunden Grundlage auf der Ebene. Der Frühling bräunte uns bei zirka 25°C, während wir locker durch das grüne Hinterland fuhren. Sehr angenehm, mal die Seele baumeln zu lassen und in einer großen Gruppe die Landschaft zu genießen. Ein Fehler könnte gewesen sein, dass unser Jens die Straßenfahrer zu einer „richtigen Führung" ermahnte. So etwas lässt keiner auf sich sitzen und die 10 Minuten wurden echt hart für uns, obwohl es keiner gerne zugab.

Man hatte diesen Zweierblock schnell abgeschlossen und freute sich auf das Fotoshooting, oder auch nicht. Das Licht ist ja bekanntlich nur morgens und abends warm und schön, weshalb wir diese Zeit auch nutzten. Mit 16 Leuten zog sich die Aktion dann

doch in die Länge und jeder war froh, als er die Beine im Hotel wieder ausstrecken konnte. Der erhoffte Sonnentag ließ auf sich warten, da ab Mittag der Nebel des Grauens
die Bucht der Radfahrer verhüllte und somit die Aktion „Weg mit den Helm- und Tri-
kotstreifen" vereitelte.

Erholt und voller guter Vorsätze ging es zu den beiden letzten harten Etappen. Ausfal-
lerscheinungen mussten leider auch hingenommen werden. Verena hatte ihr geschmei-
diges Lächeln etwas lange der Sonne ausgesetzt, so dass es ihr die Tage darauf etwas
matschig im Kopf war. Bisschen Fieber und Unwohlsein ereilte auch den Yohannes, der
auf der Regenfahrt wohl etwas luftig gekleidet war. Nichtsdestotrotz ging es zu 5 x 5
Kilometer EB's in Vierergruppen. Beim 3. Run musste ich auch den Zug fahren lassen,
da die Beine nicht mehr wollten. Am Abend standen dann noch mal Actionfotos an. 28
mal steile Berge hochfahren macht richtig Spaß und Hunger.

Obwohl Mailand- San Remo im Fernsehen lief, lieferten wir uns selber unsere Königs-
etappe durch die Berge. Am Morgen schönstes Sommerwetter und alle waren nochmals
motiviert, das Letzte aus den geschundenen Körpern herausholen zu wollen. Besonders,
weil als Belohnung nach dem Zieleinlauf von Zabel noch eine Einladung zum Essen
anstand. Wie das Leben aber so spielt, kam alles anders als erhofft.
Die Etappe ohne den Puig Major, also ohne „das Dach des Trainingslagers". Mann war
ich enttäuscht. Man quält sich 28 mal nach Randa (Sackgasse) hoch, den richtigen Berg
lässt man aber rechts liegen. Jens wollte aber, dass wir zusammen mit den Kindern und
Mädels die wellige Küstenstraße fahren. Das Profil von auf und ab und der damit ver-
bundene ständige Rhythmuswechsel zeigte einem dann doch die Grenzen auf.

Am Abend wurde dann nochmals nett zusammengehockt und die Problempunkte, wenn
es denn welche gab, erörtert. Der sportliche Leiter war mit uns sehr zufrieden und auch
die Sponsoren waren mit den Fotos einverstanden. Der gesellige Abend wurde aufgrund
Erschöpfung und der anstehenden Abreise frühzeitig beendet. Nun sitze ich in der Hotel-
halle und sammele meine Gedanken, da wir erst um 15.00 Uhr abgeholt werden und
somit viel Leerzeit haben. Ohne heuchlerisch zu wirken, sei den Sponsoren aber für diese sportlich Vorbereitung gedankt. Unterkunft, Material, Verpflegung und sportliche
Betreuung waren sehr gut. Es ist davon auszugehen, das alle Sportler mit einer Leis-
tungssteigerung in die neue Saison gehen werden. Es bedarf jetzt der richtigen Rege-
neration und dann zündet der Turbo. Bis zu den Eiern des Hasen ist Freizeit im Karton,
denn danach stehen medizinische Untersuchungen, Teamvorstellung sowie das Auf-
taktrennen an. Der Start in die Saison naht, weshalb ein wenig Abstand zum Fahrrad
vorerst zu bevorzugen ist.

Der erste Arbeitstag ist dann wieder richtig toll, besonders wenn man erst um 24.00 Uhr ins Bettchen kommt und der Wecker um 5.00 Uhr den Tag einläutet. Im Büro kämpft man dann mit den vergessenen Passwörter für den Computer, folgerichtig war es ein guter Urlaub. Die Kollegen sind dank des Newsletters informiert, lange Schilderungen bleiben deshalb erspart. Man erzählt, erwähnt höchstens Dinge, die einem im Flugzeug aufgefallen sind, da das ja unser Business ist.

Nachdem man endlich wieder richtige Salzkartoffeln gegessen hatte, konnte der Feierabend eigentlich auch kommen. Zu Hause wartete ja noch ein Radkarton voller Dinge auf einen. Die 3 Waschmaschinenfüllungen Radwäsche sind weniger das Problem, wenn bloß der Kühlschrank gefüllt wäre. Nach 2 Wochen Abwesendheit erstrahlt dieses technische Gerät jungfräulich. Also dann auch noch Einkaufen gehen. Es bleibt einem nichts erspart am Tag nach dem Urlaub. Um 20.00 Uhr war Schicht im Schacht.

3. Start in die MTB-Saison 2002

Auftaktrennen in Schotten und Münsingen

Jedes Jahr beginnt der Ernst an diesen beiden Orten. Man sollte glauben, dass man dann beruhigt an den Start geht, wenn alles schon bekannt ist. Falsch, da wir nach dem Trainingslager noch keine Vergleichsmöglichkeit mit anderen Fahrern hatten, steht die innere Spannung im Vordergrund. Da helfen auch keine beruhigenden Worte von Jens, denn jeder will sich hier beweisen und zeigen, dass er gut trainiert in die Saison startet.

Es darf auch rechts überholt werden!

Alles bleibt Bestens

[06. April 2002]

Die gute Nachricht zuerst, wir reisen nun mit Opelfahrzeugen. Für mich als Fahrzeug-technniker ist es wie ein Geschenk des Himmels, dass das Team mit den Technologie-trägern aus Rüsselsheim fahren darf. So wurde natürlich als erstes der Zafira getestet und wohlwollende Zustimmung erwärmte den kalten Tag. Danach kam der Laster Mova-no auf dem Highspeedcircuit A1 zum Einsatz. Man kann erstaunliche Mengen an Per-sonen und Dingen komfortabel transportieren. Man nimmt allerdings einige Geräusche wahr oder man achtet mehr auf diese, da ein R A D I O fehlt. Ein Wehrmutstropfen bleibt nach den ausgiebigen Tests, denn das wichtigste Kommunikationsinstrument fiel nach dreimaliger Betätigung aus. Statt des akustischen Warnsignales musste fortan mit visuellen Mitteln versucht werden, der Testcrew den Weg zu bahnen.

BIKE CHALLENGE in Schotten: Da unsere Saison hier immer beginnt, blieb an sich alles Bestens. Nach schöner Anreise (siehe oben) erfolgte am Samstag die Streckenbesich-tigung. Rauf auf den Kurs und hoppla, was ist denn das? Da hat der heimtückische Ver-anstalter unseren Trott durchkreuzt und die Strecke anders abgeflattert. Ein paar Schleifen hier, eine 180° Kehre da und zu guter Letzt noch einen Riesensprung mach-ten die Runde noch attraktiver.

Für Florian Schröder, genannt Flo, da 197cm groß, Benjamin Jost und Philip ging es bereits um 9.20 Uhr zum Start. Fiese Sache, da zu dieser Uhrzeit die Temperaturen ein wenig kühl waren und deshalb die neuen Ritchey-Reifen direkt aus Jens Heizbettdecke auf die Felgen gezogen werden mussten. Benni übernahm schnell die Führung in der Jugendklasse und sicherte sich seinen 1. Saisonsieg. Bei den Junioren lief es zwar gut, dennoch erreichte Flo nur den undankbaren 4. Platz. Philip, der seine Schulferien auf dem Bauernhof (WG-Breitenfelder) verbrachte und somit hart trainieren musste, merk-te die Auswirkungen der Woche mit Platz 8.

Zum Shortrace, bei dem wir 2 Teams angesetzt hatten, reichte es für Platz 3. Timo, Moritz und Flo retteten unsere Ehre. Immer mehr Teams nehmen an diesem Staffelrennen teil und das Überholen auf solchen kurzen Rennen ist extrem schwer. Das zweite Team wur-de dadurch auch Opfer des sportlichen Reinhaltens der Gegner.
Im Damenrennen gingen Carolin und Sandra in die Spur. Zunächst konnten beide das Führungstempo mitgehen, bevor Frau Jüngst und Madame Ruppert alleine weiterfah-ren wollten. Carolin und Sandra kämpften verbissen bis zum Schluss, konnten aber die Ausreißerinnen nicht dingfest machen. So blieb es bei Platz 3 für Miss Rahner.

Nach unglaublicher Zeitverschiebung durfte dann auch die Elite Rad fahren. Ein riesiges Teilnehmerfeld hackte den Startberg hoch. Vorne dabei Timo und im vorderen Mittelfeld Moritz, Axel und der zuerst als Senior gemeldete Dano. Ich robbte mich von Runde zu Runde nach vorne an die 5-köpfige Spitzengruppe heran, in der Timo auf Abwarten mitfuhr. Moritz und Axel fuhren mit etwas Abstand hinter mir.

Kurz nach Erreichen der Spitzengruppe und dem ersehnten Windschatten, wurde es vorne wieder schnell, so dass ich die letzten beiden Runden auch noch alleine auf Position 6 fahren durfte. Timo hingegen nutzte eine Tempoverschleppung zur Attacke und fuhr am Berg die Gruppe auseinander. Danach kämpften alle gegeneinander und Timo mit sich, denn der Antritt zeigte auch bei ihm Wirkung. Er rettete sich aber mit 6 Sekunden Vorsprung ins Ziel. Marc Odrosek und Friedemann Schmude komplettierten das Siegerpodest. Moritz folgte mir auf Platz 7, Axel kam auf Rang 11.

Es war ein gelungener Saisonauftakt, den Jens so nicht erwartet hatte. So macht man sich halt beliebt beim Trainer, schleim. Getrübt wurde dieser sonnige, aber kalte Sonntag lediglich durch die zeitlich verplante Terminabfolge der Rennen. Es kann eigentlich nicht angehen, dass das Hauptrennen um 15.00 Uhr gestartet wird und die Siegerehrung dann kurz vor dem malerischen Sonnenuntergang um 17.20 Uhr stattfindet. Die Zuschauer waren schon lange weg und die Heimreise wird für uns Nordlichter zur Geisterstunde. Hiermit stellt das Team an alle Veranstalter den formlosen Antrag einer verlässlicheren Zeitplanung. Verzögerungen können ja auftreten, diese sollten aber kulanterweise den Hauptakteuren vermittelt werden. Andererseits kann der Veranstalter auch zwei Kuchen in den Teambus stellen und der Antrag wird zurückgezogen.

Nach dem Rennen sieht es in jedem Sportler etwas anders aus. Lief es schlecht, dann grübelt man, woran dies bloß gelegen hat. Was kann getan werden, damit beim nächsten Rennen Besserung eintritt? Teilweise tröstet man sich mit der Tatsache, dass die Saison noch jung ist und einem viel Zeit für erfolgreiche Rennen bleibt.

Fährt man hingegen ein gutes Rennen, dann fühlt man sich bestätigt und glaubt alles richtig gemacht zu haben. Meistens werden dann einem aber im nächsten Rennen, wie zum Beispiel Münsingen die Grenzen aufgezeigt. Beim Bundesligaauftakt ist nämlich die komplette deutsche Elite am Start und das bei vorhersehbaren grauenhaften Wetterbedingungen.

Unsere Bundesliga bleibt auch ohne L. Kirch erhalten

[13. April 2002]

Der Auftakt zur MTB-Bundesliga findet wie immer auf der schwäbischen Alb in Münsingen statt. Trotz unserer neuen Fahrzeuge mit dem Blitz, reisten wir bereits am Freitag an. Verteilt auf 3 Autos machten sich mindestens 14 Fahrer auf die Reise durch die Republik. Wie wir vermutet hatten, ist das Nadelöhr die Landeshauptstadt von Niedersachsen, denn danach ging er ab der Punk. So brauchten wir etwas weniger als 7 Stunden für den Ritt. Selbst voll beladen läuft der Zafira pudelwohl, allerdings kann man eigentlich nicht auf der Rückbank mittig sitzen ohne einem anschließenden Termin beim Orthopäden. Meine Teamgefährten schaukelten genüsslich im Movano Richtung Spätzlecity. Beim Durchschauen des Gepäcks eroberte Timo ein Autoradio, welches dort so einfach rumlag. Kurzerhand zog er sein „Alien-Tool“ und sprang während der Fahrt in die erste Reihe. Dort angekommen, fing er sofort an, die Instrumententafel nach geeigneten Plug&Play- Steckern zu durchsuchen. Geortet wurden Standardstecker die auch mit dem Radio harmonierten. Der Movana hat dank Timo, genannt die flinke Lüsterklemme, nun ein Soundsystem.

Unsere Herberge lag etwas außerhalb von Münsingen. Totale Ruhe und Entspannung in einem Ort ohne Kreuzung und Ampel. Für Großstädter ist dies die totale Erholung, wenn man mal keinen Zivilisationslärm hört. Doch was war das? Kaum schaltet man das Licht vom Badezimmer ein, dann dröhnt ein Ventilator. Dieses Gerät müssen die aus irgendeinem Windkanal geklaut haben, denn es sog einem förmlich die Haare vom Kopf, von dem Geräuschpegel wollen wir mal gar nicht reden.

Münsingen hat selbstredend auch seine eigenen Naturgesetze, dass heißt bei Anreise Sonnenschein und an den anderen Tagen Regen. Dieses Mal war es auch wieder so. Die lange Trockenheit zuvor bewirkte aber, dass die Strecke noch relativ gut zu befahren war (am Samstag). Wie in Schotten hat auch der Veranstalter hier die Strecke modifiziert. Diese Änderungen werteten die Runde erheblich auf. Die Verfestigung des Untergrundes durch Schotter, sowie eine zusätzliche Schleife mit einem kurzen knakkigen Anstieg zeichneten den Kurs 2002 aus.

Bereits um 7.30 Uhr machten sich die fleißigen Betreuer mit den Junioren auf. Bei schönem Regen und kühlen Temperaturen kam wieder Münsingenfeeling auf. Während wir noch schliefen, lieferten sich die Jungs die erste Schlacht des Tages. Zum Rennverlauf kann ich leider nichts sagen, das Ergebnis hingegen war in der Jugendklasse top, denn Benjamin gewann. Bei den Junioren belegte Benni Platz 5, Flo wurde 6. und Philip erreichte den 15. Rang. Gegen 12.00 Uhr musste dann das komplette Damenteam ran an die Arbeit. Topfahrerinnen aus dem Worldcup von Merida und anderen Teams sollten erst mal niedergerungen werden. Leider wollte dieses Vorhaben nicht wirklich gelin-

gen. Zunächst musste Verena die Segel streichen, da ein Platten ihren Tatendrang abrupt beendete. Sabine Spitz war nicht zu bezwingen und so stellten sich unsere Mädels etwas weiter hinten an. Mette auf Position 7, gefolgt von Nadine auf der 8, danach Frau Rahner, Sandra auf der 13 direkt vor Kathrin. Insgesamt genossen aber alle diesen schönen Anblick, denn wo sieht man sonst so viel Weiblichkeit sich freudestrahlend mit Matsch bewerfen. Doch dann war unser Auftakt vor einer Menge Zuschauern und immer wiederkehrendem Regen. Auch im Profifeld waren etliche Fahrer aus dem Ausland am Start, die mir eigentlich schon immer etwas den Mut nehmen. Einschüchtern ließen wir uns aber nicht und legten uns mächtig ins Zeug. Wolfram und Thomas waren vorne mit dabei, während Timo, Axel und ich so um Platz 30 herumfuhren. Wolfram übernahm auch für einige Runden die Führung, bevor Sichtprobleme ihn einbremsten. So gewann unerwartet Karl Platt (Rocky-Mountain) vor Stefan Sahm (Team T-Mobil) und dem Polen A. Kayser (Lotto-Pzu). Für Wolfram reichte es dennoch zu dem guten 5. Platz und Thomas wurde 8.. Ich kämpfte mich frierend auf den 25. Rang, während Timo Position 28 und Axel Nummer 33 wurde.

Es war wieder mal eine richtige Schweinerei, denn wir und die Betreuer sahen aus wie die Ferkel. Das Team bedankt sich hiermit bei unseren Helfern, denn ohne sie wären diese Ergebnisse nicht möglich gewesen. Das sportliche Geschehen geht wohl auch in Ordnung, denn bei diesem Wetter ist das Rennfahren nicht Jedermanns Sache. Wir letzten 3 haben uns wohl mehr erhofft, doch man muss bedenken, dass die Saison noch jung ist (geschilderte Ausrede!).

Der BDR hat sich mir gegenüber in dieser Woche von seiner kulanten, freundlichen und sehr zuverlässigen Seite gezeigt. Kleine Problemchen, die wir im Vorwege verdaddelt hatten, wurden unbürokratisch erledigt. Hiermit möchte ich mich bei den beiden Herren recht herzlich bedanken. Kommendes Wochenende mit einem Straßenrennen in Barmstedt und NRW-Cup in Sundern. Haltet Euch fruchtig!

Radfahren ist Radfahren, oder?

Jeder glaubt eigentlich, dass ein gut konditionierter Radsportler alle Disziplinen aus dem Katalog des Bundes Deutscher Radfahrer gut bestreiten kann. Das ist ein Trugschluss, den ich an dieser Stelle deutlich hervorheben möchte. Klar ist, dass keiner von uns beim Radball oder mit dem Rhönrad etwas bestellen könnte, aber bei MTB`lern ist schon teilweise das Rennradfahren ein Problem.

Ich kann mit dem Straßenrennsport nicht viel anfangen. Zwar sehe ich die Jungs im Fernsehen sehr gerne über die Landstraße fliegen, dennnoch ist ein Straßenrennen für mich eher ein Muss. Mit dem krummen Lenker hatte ich eben schon immer ein gespanntes Verhältnis. Gebacken bekomme ich das Fahren am Unterlenker, wenn aber eine brenzlige Situation naht, dann sind die Hände wieder am Oberlenker. Dieser angeborene Reflex ist in einem großen Starterfeld etwas hinderlich. Zu diesem Punkt kommt noch die Tatsache, das Straßenfahrer ein ganz anderer Menschenschlag sind. Da wird gepöbelt, gemeckert und gnadenlos in die Kurven hineingestochen. So etwas bin ich von MTB-Rennen nicht gewohnt.

Straßenrennen in Barmstedt, Sprint und MTB-Rennen in Sundern-Hagen
[21. April 2002]

So, nun gibt es wieder Rennberichte, denn die letztwöchigen Ausschweifungen zum Lückenfüllen haben wir jetzt nicht mehr nötig. Es werden aber trotzdem weiterhin lustige Geschichten aus dem Team erzählt werden, so sich denn welche auftun.

Am Samstag fuhren 2 Teams in Sundern im Rahmen des NRW-Cups ein Sprintrennen mit sehr lukrativen Preisgeldern. Auf einer kurzen, aber anspruchsvollen Runde machten sich das A-Team (Wolfi, Sandra, Flo) und die B-Hörnchen (Timo, Kathrin, Philip) auf die Jagd nach Ehre und Euro. Das A-Team verpasste leider um 10 Meter den Sieg und musste Team Fuji zum Sieg gratulieren. Die B-Hörnchen wurden 4. und rundeten eine gute Vorstellung ab.

Axel, Yohannes und ich fuhren den Heimgrandprix von Barmstedt. Ein Kriterium, welches unser Verein jährlich ausrichtet. Nach einer Stunde Startverzögerung ging es richtig los, und zwar so richtig, dass ich nach Runde 6 von 60 den Windschatten verlor. Ich astete noch bis zur 3. Überrundung hinterher und gab frustriert und gedemütigt auf. Axel und Yohannes fuhren ein gutes Kriterium, wobei die Prämien leider an die anderen Fahrer gingen. Yohannes, der nach langer Krankheit wieder ein Rennen fuhr, gab zirka nach 50 Runden auf, um sich zu schonen. Axel hingegen fuhr mit einer Gruppe weg, welche allerdings kurz vor dem Ziel kassiert wurde. Also außer Spesen nicht gewesen.

Dank der Zeitverschiebung kamen Axel und ich erst um 21.00 Uhr aus der WG-Breitenfelder los, um auch nach Sundern zu gelangen. So um 1.00 Uhr lagen wir völlig platt in der Kiste. Ich schlief ein, bevor der Kopf das Kissen berührte.

Sonntag ist Renntag und das bei schönstem Wetter. Wie immer, mussten zuerst Frauen und Kinder von Bord. Wir blieben ruhig liegen, während Flo und Philip sich auf dem vereinfachten Bundesligakurs abmühten. Prinzipiell ging es nach Start/ Ziel nur bergauf und danach über Umwege bergab. Der Berg zog einem zwar die Schuhe aus, interessant war der Kurs aber eher nicht.

Flo belegte wieder mal den Holzmedaillenplatz und wurde 4., Platz 7 ging an Philip. Bei den Frauen zeigte der lange Anstieg auch Auswirkungen, denn Sandra wurde vom Damentrio Beste mit Platz 6. Danach trudelten Carolin und Kathrin ins Ziel.

Bei dem Elite/ Herren und U23-Rennen schauten alle auf den Titelverteidiger Wolfram Kurschat. Direkt nach der Einführungsrunde machten sich Wolfi und Timo aus dem Staub. Etwas dahinter lag der später Zweitplatzierte C. Müller (Fuji). Leider lief es bei Timo richtig Scheiße, denn er wurde nach hinten durchgereicht und stieg aus. Wolfi fuhr vorne souverän sein Rennen und siegte überlegen. Ich hingegen kämpfte mich langsam von Platz 10 in Richtung Spitzengruppe. Der Berg bremste aber in jeder Runde meinen Tatendrang, so dass ich erst in der letzten Runde den 5. überholte. Für mich war es ein Superrennen, denn Platz 5 geht voll in Ordnung.

Axel hingegen kämpfte gegen sich, den Berg und die verlorene Kraft vom Vortag. Er ekelte sich über die 10 Runden und wurde zuletzt auch noch von Wolfi überrundet. Nächste Woche ist Teamsplitting, denn Stevens-Jeantex-Cup in Boltersen und Bike-Challenge in Friedrichsdorf stehen an.

P.S.: An die Von Hachts: Tut mir Leid Gerdi, dass ich in Deinem Rennen so kläglich versagt habe. Besserung ist aber versprochen. Ein Dank geht an Herrn Stevens für die milde Gabe am Samstag. Werner, Du siehst, dass das mit dem MTB besser klappt als mit dem Rennrad.

Wir waren überall und ich meine wirklich überall
[27. April 2002]

Selbstverständlich sind wir auch erschüttert von den tragischen Ereignissen, die sich am Wochenende zugetragen haben. Wir trauern mit den Spielern des F.C. St. Pauli, aber eine neue Liga ist wie ein neues Leben. Am Wochenende wurde das Team ein wenig aufgeteilt, um in der ganzen Republik für Angst und Schrecken zu sorgen. Jens am Start beim Straßenrennen im Bordesholmer Land und Wolfram machte sich auf, um beim Europacup in Belgien seinen Mann zu stehen. Während die Einzelsolisten auf das Team verzichten mussten, hatte ich wieder mal das Glück, ein Ferienwochenende im Knüllwald zu gewinnen.

Moritz, Carolin, Timo und ich genossen das schöne Wochenendhaus mit Blick auf Start und Ziel. Nach dem gemeinsamen Essen der Nudeln AAAAArabiatta, brannte der Hals so richtig, aber Carolin wollte ja das ganze Glas mit dem scharfen Extrakt nehmen. Mit dem Rest der Soße reinigten wir die Ketten der total verdreckten Räder. Bei strömendem Regen fuhren wir die Runde um den Silbersee ab, um uns an den wirklich anspruchsvollen Kurs zu gewöhnen. Die norddeutsche Fraktion nahm sich den Stevens-Jeantex-Cup in Bolterson bei Lüneburg vor. Neben den Däninnen und Kathrin, unseren Junioren Philip und Flo, sowie Axel und dem genesenen Yohannes waren zahlreiche Konkurrenten am Start. Trotzdem legten unsere Leute richtig los, denn bei den Damen gewann Kathrin und bei den Junioren fuhr Flo seinen ersten Sieg ein. Yohannes musste in der Eliteklasse nachziehen, was auch sehr gut gelang. Glückwunsch an die Sieger und auch an die beiden Drittplazierten Axel und Philip.

Am Sonntag unterstützte uns Sandra noch bei dem Vorhaben, das Licher-Short-Race zu gewinnen, allerdings nur beim Regenschirmhalten am Streckenrand. Moritz, Timo und ich waren eigentlich angetreten, um das Rennen zu gewinnen, leider reichte es nur zum 3. Platz, aber man muss auch gönnen können.
In den beiden Hauptrennen, also Mädels und Buben, schüttete es aus Kübeln und wir sahen nach 5 Metern aus wie die letzten Drecksäcke. Sandra und Carolin quälten sich dreimal um den völlig aufgeweichten Kurs. Die entstandenen Laufpassagen entschieden das Rennen für die stark fahrende Tanja Ruppert. Sandra und Carolin vervollständigten aber das Podium. In der Eliteklasse zogen schon in der 1. Runde Timo und Friedemann Schmude (GIANT) langsam auf und davon. Nach misslungenem Start wühlte ich mich aber auf Platz 4 vor und hielt Sichtkontakt mit den Ausreißern. Die schmierigen Abfahrten und mein schlechter Fahrstil ließen diesen Kontakt bald abreißen, so dass ich mich meinem Anhängsel widmen musste.

In der vorletzten Runde erlegte ich den Konkurrenten am Berg und konnte ungefährdet ins Ziel fahren. Timo und Friedemann hingegen gaben es sich richtig, denn einer sollte ja gewinnen. Keiner hatte es aber auf dem Kurs geschafft, den Konkurrenten abzulaschen. So entschied ein Steuerfehler von Friedemann das Rennen. Timo gewann mit 2 Meter Vorsprung und machte somit den 5. Rennsieg an diesem Wochenende perfekt.
Beste Genesungswünsche gehen vom gesamten Team an unseren Ex-Fahrer Matthi Mende. Wir waren wirklich schwer getroffen, als wir von Deinem schweren Unfall hörten. Lass bloß nicht den Kopf hängen, denn Du hast so oft bewiesen, dass man gestärkt aus den Krisen gehen kann. Dabei muss es nicht immer der sportliche Bereich sein, der einem neu ins Bewusstsein rückt. Klar macht man sich über alles seine Gedanken, Du hast aber die Kraft und die Willensstärke, auch mit diesem Rückschlag fertig zu werden.

Mai, frei und viel zu tun

[01. Mai 2002]

So eine Woche mit Feiertag beschert auch den Radsportlern zusätzliche Einsatzmöglichkeiten. Am Tag der Arbeit waren wir mit einem Bus voller Jugendfahrer aufgebrochen, um den Lindner Berg zu besteigen. Dieses Traditionsrennen in Hannover ist stets gut besucht, das Wetter zeigt sich immer von der guten Seite und der Berg hat es in sich. Als MTB'ler schaut man schon skeptisch, wenn 10 Runden angesetzt werden, hier waren es aber 40. Das ist eine richtige Herausforderung, denn so oft diesen Berg hoch, das ist schon sportlich. Unsere Jugendfahrer leisteten sehr gute Teamarbeit. Dem Führenden fiel das Schaltwerk ab und so mussten Räder getauscht und schwere Führungsarbeit geleistet werden. Dies machten die Jungs sehr eindrucksvoll.

Bei den Männern waren Moritz, Yohannes und ich am Start, da der Rest der Mannschaft ein Kratzen im Hals hatte. Wir sind einfach nur mitgefahren, ohne wirklich einen bleibenden Eindruck zu hinterlassen. Für mich war es aber ein Erfolg, denn ich bin nicht ausgestiegen, ferner erkannte ich, dass Straßenfahrer am Berg parken und Stützräder brauchen, zumindest manche.

Am Donnerstag war dann Erik Zabel zu Gast in unsere Hansestadt. Eine Promotionsveranstaltung lockte meinen Helden fast direkt vor die Haustür. Da fuhr er nun der grüne Riese locker 45 Minuten vor der tobenden Menge von 300 Zuschauern. Irgendwie

Von links
Wolfram, Moritz,
Timo und Dano

kam es wohl in der Presse nicht richtig rüber, dass der wahre Radheld in Hamburg war. Was macht das schon, so konnte man des Energiebündel ruhig bewundern und den Rest des VIP-Büfetts essen.

Um 20.00 Uhr durften dann die Straßenfahrer zu dem Kriterium in der City-Nord starten. Diesmal wurde Yohannes, der auf der Thüringen Rundfahrt verweilt, von Axel vertreten. Jens mit Fieber im Kopf fuhr auch schon wieder mit und natürlich Moritz und ich. Auch hier bestellten wir nicht wirklich etwas, aber wir sind durchgefahren. Axel und Moritz waren kurzzeitig in einer Spitzengruppe, bis diese wieder eingefangen wurde. Als es dunkel wurde, war es dann vorbei und ich freue mich auf das Mountainbike.

Kleine Entschuldigung am Ende. Habe mich wohl letztes Mal ein wenig in der Wortwahl zu Beginn des Berichtes vergriffen. Die Vorfälle in Erfurt haben bei uns eine rege Diskussion ausgelöst und wir waren auch zutiefst geschockt.

4. Renngeschehen

Bayreuth, Jens und andere Krankheiten

Es war wie in einem schlechten Film, was sich die Woche so ereignete. Wildester Mailverkehr fast bis zur Kapitulation des Airbusservers erfolgte jeden Tag. Ausfallende Bemerkungen, Drohungen usw. wurden sich an den Kopf geworfen und das alles vor einem wichtigen Bundesligarennen. Die Teamführung suchte nach neuen Wegen, da Jens ab Mitte Juli sein Crossauftakt in Form von Straßenrennen beginnen sollte. Sein Engagement für das Team sollte dann Mister X übernehmen, ein Mann, der erst gesucht werden musste.

Ferner brach auch noch ein Infekt in die Gefühlswelt von Jens ein und somit war der Stress vorprogrammiert. Kein Auto, welche Unterkunft, wer zahlt was und wer kommt von wo mit? Das waren die Fragen 12 Stunden vor Abfahrt. Nach einem gezielten Suchlauf in meiner EXCEL-Tabelle und Rücksprache mit Timo war alles klar. Wir brachen pünktlich um 9.00 Uhr am Donnerstag auf, um in Buchholz ein Strassenrennen zu fahren.

Das Team von 2002, v.l.n.r.: Timo, Benjamin, der verschlafene Yohannes, Verena, Wolfi, Sandra, Jens, Kathrin,

Chaostage bei dem Stevens-Jeantex-Team

[10. Mai 2002]

Während die wahren Chaoten ganze Straßenzüge verwüsten durften und die Polizei die Aktion als Erfolg wertete, versuchten wir nur, irgendwie Radrennen zu fahren. Am Vaddertag blieb der Bollerwagen in der Garage, denn das traditionelle Straßenrennen in Buchholz stand im Terminkalender. Pünktlich zum Rennen der C-Amateure standen wir eingeölt bei schönstem Wetter an der Startnummernausgabe und da ging es los. Wir waren nicht in der Amateurklasse gemeldet, sondern als Team bei den Elitefahrern.

Axel, Flo, Dano, Carolin, Benni, Moritz

Nach kurzem Schaudern über die doppelte Streckenlänge und deutsche Spitzenfahrer, wie Rolf Aldag und Andreas Kappes, freuten wir uns doch auf diese Herausforderung. Beim Einfahren sangen uns einige volltrunkene Väter den Song des Jahres zu: „Ohne Ullrich fahrt ihr nach Paris, fahrt ihr nach Paris, fahrt ihr nach Paris". Etwas zynisch, aber wohl leider wahr. Das Rennen verlief aber für Moritz, Axel, Timo und mich ziemlich gut. Timo zog eine Prämie an Land, der Rest von uns fuhr das Rennen durch. Die super Stimmung und die riesige Zahl von Zuschauern ließen auch bei mir den Spaß an Straßenrennen wachsen. Das wird nicht mein letzter Start in Buchholz gewesen sein.

Danach machten wir uns aber auf nach Bayreuth, um dort sowohl den Teamcup als auch das Bundesligarennen zu fahren. Die Fahrt war dann auch entsprechend anstrengend, denn erst um 19.00 Uhr konnte gestartet werden, um die 600 Kilometer zu bewältigen. Die Autobahn war so frei wie beim autofreien Sonntag und ich saß in der rollenden Schrankwand, die 150 km/h maximale Geschwindigkeit vollbringt. Der Rest des Teams genoss die lauschige Sommernacht mit kurzen Nickerchen, während ich Linien und Begrenzungspfähle zählte. Um 0.50 Uhr waren wir dann in der Unterkunft, nachdem wir uns auch noch zweimal verfahren hatten.

Den Freitag verbrachte man mit einer gemütlichen Ausfahrt und lockerem Rumchillen in Bayreuth. Leider fing es am Abend wieder an zu regnen, so dass die Strecke wieder schwieriger werden sollte. Was macht das schon, wenn ich liegend im Bett den roten Helden begutachten kann.

Samstag zur Essenszeit wurde es dann ernst für 12 Teamfahrer, denn der Deutschland Teampokal-Wettbewerb stand an. Jeweils eine Frau, ein Kind, ein Heranwachsender und ein Herr mussten in einer Mannschaft sein. Da wir ja 22 Fahrer sind, durfte ich nur Kommentare am Streckenrand abgeben und Jacken halten. Zur Titelverteidigung reichte es nicht, denn das Team Merida setzte einfach die Maßstäbe und war an diesem Tag nicht zu bezwingen. Dafür gingen die Plätze 2,3 und 4 an uns.

Pünktlich zu dem Hauptrennen weinte der Himmel an Wagners Oper in Bayreuth, so dass der schon anspruchsvolle Kurs noch ein Stück anspruchsvoller wurde. Die Junioren wollten eigentlich unserem Ex-Gefährten Markus Kauffmann (Merida) den Sieg streitig machen, dieses gelang leider nicht. Benny Hill wurde aber souverän 2., Flo Schröder erreichte den 7. Platz und Philip Becker kam als 17. ins Ziel.

Der Emanzenwettkampf um Punkte und Gleichberechtigung war ein wahres Stelldichein der Prominenz. Ausländische Profibikerinnen sorgten für einen interessanten Wettkampf. Mette Andersen, unsere dänische Meisterin, war die einzige, die ansatzweise in die Spitze vorfahren konnte. So wurde der kraftraubende Akt auch mit dem 4. Platz belohnt. Vorne siegte aber eine Russin I. Kalentieva (Merida) mit zirka 40 Kilo Kampfgewicht vor R. Marunde (Focus) und B. Jüngst (Merida). Der Rest der weiblichen Geschöpfe landete fast zeitgleich auf 7,8,9 und 11. Kathrin konnte wohl am besten die letzten Kräfte mobilisieren, denn direkt nach ihr folgten Sandra, Carolin und Nadine.

Pünktlich um 14.10 Uhr ging es für die Profis und Experten auf die 5.4 Kilometer Runde mit 189 Höhenmeter. Der erste Berg zog das Feld schon richtig in die Länge, so dass ich den Überblick verlor, wer Thomas noch folgen konnte. In der 2. Abfahrt stand Thomas aber mit Schaltungsdefekt in den Büschen. Axel und Timo ereilte zwar nicht der Defektteufel, dennoch gaben beide leider auf. Es sei einfach nicht mehr gegangen, sagten sie *enttäuscht. Wahrscheinlich war das Straßenrennen plus Deutschland Cup etwas zu viel vor diesem harten Rennen.*

Mit Yohannes lieferte ich mir ein heißes Gefecht um Platz 13. Irgendwie siegte aber unser Thüringen Rundfahrer vor dem alten Sack. Wolfram zollte dem hohen Anfangstempo Tribut und wurde nach hinten durchgereicht. Hut ab, denn er zeigte Moral und fuhr das Ding in die Garage mit Platz 19. Moritz kämpfte auch verbissen mit den schweren Anstiegen und wurde am Ende 25..

So, jetzt stehen 6 Stunden Autobahn auf dem Programm, genug Zeit, um über alles weitere nachzudenken. Nächste Woche ist Heimspiel beim Stevens-Jeantex-Cup in Springe sowie eine Straßenrundfahrt für Timo und Moritz in Irland.

Nachtrag: Ein Dank geht an das Hotel Schröder. Flo´s Mutter zauberte perfekte Nudeln und Soße vor und nach dem Rennen und stellte ausreichend Flüssigkeit zum Duschen und Trinken zur Verfügung. Das Team kommt gerne wieder zu Besuch nach Buchholz.

Wir sind etwas zerstreut

[17. Mai 2002]

Zuerst die gute Nachricht vom Bundesgerichtshof: Nicht nur die Haare von Gerhard sind echt, sondern auch die von Dano. Bedeutet, dass ich die Pracht weiter sprießen lassen werde, bis alle neidisch sind. Am Freitag habe ich mal wieder mein Krankenhaus besucht, welches in der Vergangenheit meine Narben fachmännisch erstellt hatte. Diesmal jedoch als Besucher, denn Matten Brahm haben sie die Schulter neu verdrahtet. Übermütig wie Mann halt ist, hat er das 2005 Stevens-Fully richtig getestet und die 1.5 Meter Rampen nicht verschont. Ein Fahrfehler beendete die Testphase und bescherte uns dennoch einen witzigen Abend im Krankenhaus. Bei Mandelkeksen und Bier wurden alte Geschichten erzählt und somit der Heilungsprozess beschleunigt.

Da Timo, unser E-Mail-Verteiler, in Irland auf einer Straßenrundfahrt verweilt, werden die Berichte wohl an manche Leute leicht verschoben gesendet, kein Grund zur Panik. Wir schauen voller Spannung nach Irland, um das Treiben von Moritz und Timo bei ihrer ersten Rundfahrt zu beobachten. Der Rest der Guten verweilt in Madrid, um das 1. Worldcuprennen der MTB-Saison zu bestreiten. Wir hoffen natürlich auf gute Platzierungen der 3 Mädels und unserer beiden Männer (Yohannes, Wolfram).

Der klägliche Rest freute sich hingegen auf ein entspanntes Weekend und dem Stevens-Jeantex-Cup in Springe, also kurz hinter Hannover, dem Vorort der Hansestadt. Es war tatsächlich auch sehr stressfrei, denn Anreise direkt am Renntag, so dass der Samstag richtig genossen werden konnte. 25°C und Sonnenschein an der Elbe ist die Macht. Am Vormittag bisschen durch das Alstertal rollen und gegen Abend dem G-Move lauschen. Die 20 Trucks machten allerdings soviel Lärm, dass man auch am Sonntag noch glaubte, Techno zu hören. Axel und ich sollten die Abgesandten des Teams im Elitefeld in Springe sein, eine Krankheit machte Axel's Einsatz leider unmöglich. Der Kurs war uns völlig unbekannt, so dass man unbelastet ans fröhliche Entdecken ging. Es ging einen richtigen, und da meine ich auch richtigen Berg, nach oben. Danach schlängelte sich der Kurs am Hang entlang, bevor es schnell wieder hinunter ging.

Die Junioren Flo und Philip machten diesmal keine Gefangenen und belegten die Plätze 1 und 2. Es war ein völlig ungefährdeter Sieg, denn der Däne, der mit den Jungs am Anfang mitfuhr, wurde klassisch ausgekontert. Ähnlich erging es Sandra und Kathrin, hier jedoch schob sich eine Fahrerin auf Platz 2. Kathrin hatte wohl noch den gewonnenen Duathlon vom Samstag in den Beinen. Sandra hingegen kletterte gewandt die steile Empore hinauf und sicherte sich damit den Sieg.

Es blieb mir also nichts anderes übrig, als in der Eliteklasse selbiges zu tun. Der Berg, den es 8-mal zu bezwingen galt, hatte es aber in sich. Der raubte mir die letzten Körner, besonders als der sichere Vorsprung, den ich mir ab der 4. Runde erarbeitet hatte, zu zerschmelzen schien. Ein Däne kam zum Finale hin mächtig nach vorne gefahren und verdrängte Florian Meyke (Buchholz) auf Platz drei. Mein 1. Sieg der Saison war im nachhinein aber nie in Gefahr, heuchel! Den Jungs auf der Insel geht es wohl den Umständen entsprechend gut. Die Anfahrt war von Pleiten, Pech und Pannen gekrönt, denn so einfach kommt man mit dem Auto nicht nach Irland. Die 1. Etappe fand dann im Regen statt, was einen Norddeutschen an sich nicht stören sollte, dennoch musste man sich an den Fahrstil der Insulaner gewöhnen und da war die Ausreißergruppe auch schon weg. Somit gelangten alle im Hauptfeld ans Ziel. Moritz, der einen Sturz baute, schleppte sich tapfer durch. Näheres weiß ich leider noch nicht, scheint aber alles im Rahmen zu sein.

Nächste Woche gleiches Spielchen mit Teilnahmen an folgenden Veranstaltungen: MTB-WC Houffalize, S-J-Cup Norderstedt, Irlandrundfahrt und Bike-Challenge

Mountainbiker bei Straßenrennen
[26. Mai 2002]

Die Jungs in Irland kämpfen richtig gegen das kalte nasse Wetter und den Wind. Jeden Tag sind Etappenlängen von zirka 160 Kilometer zurückzulegen und die 1. Attacke erfolgt, wenn das Führungsfahrzeug das Feld freigibt. Timo hat das Bergtrikot nicht mehr auf seinen Schultern, denn in den richtigen Bergen konnte er dem Tempo der Ausreißer nicht folgen.

Der Rückstand auf den Führenden beträgt wohl über eine Stunde bei unseren Straßenfahrern, dennoch sind sie von der Rundfahrt begeistert. Tolle Organisation, schöne Landschaft und sehr anspruchsvolle Streckenführungen machen diese Rundfahrt zum Erlebnis. Jeden Abend spürt man aber seine Ermüdung immer mehr, so dass man über das Ende nicht wirklich böse ist. Für Moritz war das Ende leider etwas früher, da ein weiterer Sturz auf gleiche Wunden den ertragbaren Schmerzpegel beim Fahren überschritt. Timo hat nach inoffiziellen Info's einen Rückstand von zirka 30 Minuten und ist damit 33-ster.

Da ich ja in nichts nachstehen wollte, entschied ich mich am Samstag ein Rundstrekkenrennen in Braunschweig zu fahren. Es sollte eine nette Nachmittagsveranstaltung werden, da BS ja auch ein Vorort von Hamburg ist. Unterwegs erfuhr ich dann vom Mann im Radio, dass die A2 mal so eben gesperrt wurde und ein Chaos auf den Landstraßen herrscht. Kurzentschlossen nahm ich in einer großen Schleife auch die Bundesstrasse und kam nach 3 Stunden pünktlich zum Start.

Es gelang mir diesmal tatsächlich, das komplette Rennen mitzufahren, allerdings nur bis 5 Runden vor Schluss, da dann die überrundeten Fahrer vorzeitig Duschen gehen konnten. Ich war angenehm überrascht von mir, da ich mich sogar im vorderen Mittelfeld (hallo Rudi) problemlos aufhalten konnte. Leider hatte ich wieder nicht abgerafft, wie viele Fahrer uns eingeholt hatten, weshalb ich leichtsinnig den Spurt des Feldes anzog. Wäre ich taktisch klüger gefahren, wäre Platz 7 theoretisch möglich gewesen. Heimgrandprix auf dem Mount St. Norderstedt: Die obere Führungsriege des Teams hatte kurzfristig entschieden, dass ich doch den Cup fahren sollte. Sonntag stand nun der 3. Lauf des S-J-C in Norderstedt auf dem Programm. Ziel war es, den stark fahrenden Dänen in der Gesamtwertung nicht enteilen zu lassen. Zunächst hatten aber unsere Junioren und Damen ihren Auftritt. In beiden Klassen wurden ungefährdete Siege eingefahren und die Gesamtführungen verteidigt. Benny Hill siegte vor Flo, Kathrin gewann mit zirka 5 Minuten Vorsprung vor A. Schartmüller.

Parallel versuchte man auch immer wieder, Kontakt zu den WC-Fahrern in Houffalize aufzunehmen. Carolin war dann auch die zuverlässigste Dame mit ihrer SMS-Nachricht. Mette wurde 42., Nadine 68. und Sandra musste nach Kettenklemmer in die Boxengasse. Carolin fuhr die ersten beiden Runden bei perfektem Wetter auf Platz 40. Dann machten sich aber die vergangenen harten Wochen bemerkbar und Caro verlor noch 8 Plätze.

Erschrocken bemerkte ich das Meistertrikot am Wegesrand sitzen und irgendetwas von
MTB-Rennen zu murmeln. Jens hatte sich bei besten Bedingungen dazu entschlossen,
als Vorbereitung zur Crosssaison den Cup mitzufahren. Nach dem Start setzte sich der
führende Däne vom Feld ab und gab das Tempo vor. Allerdings hängt man mich auf meinem Berg so schnell auch nicht ab, denn ab Runde 4 fuhr ich vorne.

Jens schloß zum Dänen auf und blies danach zur Attacke, bis auf 8 Sekunden kam Jens
an mich heran. Da ich die Stärke des Dänen zum Rennende kannte, ließ ich mich nicht
zu sehr zurückfallen. Jens zollte der Tempoverschärfung in seinem ersten Rennen Tribut und verlor den Zweiten an den Dänen. Der Sieg des Chefs am Norderstedter Berg
war heute nie wirklich in Gefahr. 2. Sieg in Folge macht mich fast sprachlos, aber es
kommen auch wieder andere Zeiten.

Schwerer Sturz von S.Gockert überschattete das Rennwochenende

[02. Juni 2002]

In Bad Wildbad war Eurocup angesagt, bei dem die komplette Euroelite am Start vertreten
sein sollte. Mit Großbildleinwand sollte der Fussifan am Samstag zur Strecke gelockt werden, was aber wohl nicht ganz gelang. Beim Damenrennen war Sandra auf dem richtig
schwerer Kurs unser einziges Eisen im Feuer. Sandra teilte uns nur kurz per SMS mit, dass
der Sturz ihre Lippen reißen und die Prellungen schwellen ließ. Der Arzt nähte unsere Fahrerin und versorgte die Abschürfungen, die Kommunikation ist aber mit Fäden im Mund etwas
problematisch. Wir wünschen beste Genesung.

Von 20 Fahrerinnen kamen wohl nur 7 ins Ziel und 4 ins Krankenhaus, wobei bei einem
Mädel der Verdacht auf innere Verletzungen besteht. Die Auswahl des Kurses ist wohl
etwas über das Ziel „anspruchsvoll" hinausgeschossen. Wolfi konnte, genauso wie
Madame Berger, durch eine Krankheit nicht am Start stehen.

Carolin und Timo hatten sich ihre Ruhe verdient und bekamen von höchster Stelle rennfrei. Der Rest des Teams zog aus, den Buchholzer Stadtwald zu erobern. Kathrin und
Flo verteidigten ihr gelbes Leaderleibchen auf dem kräftezehrenden Kurs. Es gewann
in der Juniorenklasse der Benny Hill, dennoch reichte es nicht zur Gesamtführung.

In der Eliteklasse waren wir diesmal sehr stark vertreten, denn sowohl Jens, Moritz, Axel,
Yohannes als auch meine Wenigkeit hatten den Weg in die Heidestadt gefunden. Gleich
nach dem Start sorgte Jens für das Tempo und schleppte Yohannes und mich rechts
und links um die Birken. Der dänische Nationalfahrer im Leadertrikot war gleich abge-

hängt und wir wollten nur den ungefährdeten Sieg heimfahren. Auch wenn ich es nicht gern habe, die Stallorder bescherte mir hier heute den Sieg. Der Titel soll halt beim Team bleiben und da stecken die Kollegen auch mal zurück.

Axel und Moritz kämpften hinter uns um eine gute Platzierung. Moritz mit der Rundfahrt in den Beinen belegte den 6. und Axel den 10. Platz. Dem Dänen konnten wir mit der Teamtaktik wertvolle Punkte abnehmen, obwohl er noch den 4. Platz belegte. Jens ließ auch Yohannes ziehen, so dass er am heutigen Tag den 3. Rang hinter Yohannes belegte.

Der Hammer kam aber direkt nach dem Rennen. Schwarz vor Augen schleppte ich mich zum Auto um etwas Flüssigkeit zu ergattern, als ich knarzende Geräusche hörte. Warum stand der Fünfer-BMW direkt auf meinem Fahrrad? Kurzer Blick auf das Nummerschild entlarvten den Fahrer als „W-ilden L-andwirt". Es sieht aber so aus, als ob nur die Felge, Sattel und Sattelstütze kaputt sind dank der massiven Qualität von STEVENS-Bikes.

BBBBundesliga in Saalhausen
[10. Juni 2002]

Zum 3. Lauf der Bundesliga sollte wieder das komplette Geschwader eingeflogen werden. Betonung liegt auf sollte, denn einige Piloten konnten nicht dabei sein. Nitrofen, Fußball-WM, Zahnschmerzen oder noch nicht geheilte Wunden waren der Grund für den Ausfall von Sandra, Wolfi, Carolin und Verena.

Bereits am Samstag war neben der Teampräsentation noch das freie Training angesagt. Die Runde erschien mir irgendwie merkwürdig, denn es ging grob gesagt einmal hoch, gerade aus, runter und zurück ins Ziel. Dies ist natürlich leicht vereinfacht, denn der Anstieg und die Abfahrten waren schon sportlich, doch die 2 Kilometer lange Forstweggerade und der endlos gerade Singletrail ohne Überholungsmöglichkeiten waren doch eher einfach.

Da aber der Kurs trocken war und die Sonne am Sonntag fast schien, kritisieren wir den Kurs nicht weiter, sondern konzentrieren unser Augenmerk auf spannende Rennen. Ferner war unsere Unterkunft wieder länderspielreif, so dass alles gut werden sollte. Beginnend wie immer sind Junioren und Damen zuerst auf dem Parcours. Benni, Flo und Phillip wollten diesmal richtig angreifen.

In der Damenklasse wollten Mette, Kathrin und Nadine auch beweisen, was in ihnen steckt. Da einige Spitzenfahrerinnen heuer fehlten, wurde eventuell sogar ein Podiumsplatz angepeilt. Zunächst gab Mette auch den Ton an, bevor die Kraft etwas nachließ und sie Kathrin und Sandra Klose (Ralph-Denk) ziehen lassen musste. Kathrin fuhr super

stark und wollte den Sieg in der Damenklasse. Leider reichte es nicht ganz, denn San-
dra hatte wohl die bessere Renntaktik gewählt. Mette konnte den Druck von Nina Göhl
nicht standhalten, so dass erneut die Holzmedaillie auf Platz 4 herauskam.
In der Juniorenklasse hatten wir diesmal wieder Benni mit im Aufgebot, der momentan
eine ansteigende Formkurve aufzuweisen hat. Dies zeigte er hier auch eindrucksvoll,
denn die langen Flachstücke waren etwas für Straßenfahrer. Den Sieg erreichte er den-
noch „nur" im Sprint gegen Markus Kauffmann (MERIDA). Im Rennverlauf konnte sich
nämlich keiner von den beiden richtig absetzen. Flo war sehr enttäuscht von seinem
12. Platz.

Der World-Cup-Führende Bart Brentjens (GIANT) stand mit am Start des Eliterennens.
Warum gerade ich an sein nicht geputztes Hinterrad gestellt wurde, weiß ich leider nicht,
denn 5 Meter nach dem Start war es für immer verschwunden. Yohannes, Timo und
Thomas, der gestern noch 3. in einem polnischen E1-Rennen wurde, waren anfangs in
der großen Spitzengruppe vertreten. Tempoverschärfungen und taktische Spielereien
sowie nachlassende Kräfte zerlegten das Feld von Runde zu Runde. Yohannes kam am
Besten damit zurecht und belegte Rang 7 und somit Platz 1 in der U23-Wertung.

Ein Platten in der letzten Abfahrt kostete mich bestimmt 4 Plätze, meinte Thomas etwas
verstimmt nach dem Rennen auf Platz 13. Timo konnte sein hohes Anfangstempo nicht
halten und wurde auf Platz 14 durchgereicht. Ich hingegen quälte mich von Anfang an
mit schweren Beinen über die 9 Runden. Ich wurde somit 18. direkt 7 Minuten nach
L.Fumic(T-MOBIL), Bart und C. Bresser (T-MOBIL).
Ausfälle gab es auch in jeder Klasse. So erwischte es Nadine, Phillip und Moritz in ihren
Rennen. Kopf hoch, es sind noch 5 Wochen bis zur Deutschen Meisterschaft. Nächste
Woche sind wir überall und ich in Willingen beim Marathon.

Bike-Festival Willingen 2002
[16. Juni 2002]

Da ja dieses Festival jährlich unzählige Besucher anzieht, ist natürlich STEVENS-Bikes
als Aussteller unerlässlich. Bei gutem Wetter und blendender Stimmung wurden dann
auch so einige Kontakte geknüpft und entsprechend die Wirtschaft angekurbelt.
Zu diesem Event zählen nicht nur zahlreiche Shows und Ausstellerspielereien, sondern
auch der Dualslalom und der Marathon. Für den einen gibt es die Jungs auf den Rädern
ohne Sattelstütze, für den anderen gibt es mich. Im Dualslalom lief es eher nicht so
dolle für unsere Fahrer, so dass danach Frustfeiern angesagt war.

Pünktlich um 5.00 Uhr gaben wir uns dann die Klinke von unserer tollen italienischen Unterkunft in die Hand. Die Jungs kamen vom Feiern und ich begann mich auf den Marathon vorzubereiten. Massenstart um 7.30 Uhr bei warmen und sonnigen Wetter. Nach dem Start verlief alles gut, denn ich war in der Spitzengruppe (zirka 15 Fahrer) vertreten. So zogen wir die ersten 52 Kilometer bis zur Streckenteilung mit einem 28er Streifen durchs Hochsauerland.

Danach lichtete sich alles ein wenig, so dass ich den Überblick verlor, dazu kam auch Regen. Auf den letzten 30 Kilometer sah ich dann gar keinen Menschen mehr. Am Ende wurde ich 7. auf der 130 Kilometer-Runde mit zirka 3000 Höhenmeter. Gewonnen hat K. Platt (Rocky-Mountain) vor M. Heymans (Focus) und Rune Hoydahl (Giant).

Als Dame aus dem Team hatte sich Kathrin nach Willingen geschlichen. Sie belegte auf der 100 Kilometer-Runde den sehr guten 2. Rang. Sie war natürlich genauso zufrieden wie ich, denn als Vorbereitung für die Salzkammergut-Trophy war das ein guter Einstand. Was der Rest des Teams gemacht hat, folgt demnächst, denn sowohl Nordmeisterschaft als auch Bike-Challenge liefen parallel.

Familienausflug

Das Sauerland ist schon bemerkenswert. Es wird einem auf der einen Seite eine schöne Landschaft, klare Seen und anständige Berge geboten, auf der anderen Seite übereifrige benebelte Trinkgemeinschaften, die den Ort Willingen zum S`Arenal der BRD machen.
Zusätzlich zu der Last der Busladungen von Partypeople fallen einmal jährlich Heerscharen von bunten Bikern in den Ort Willingen ein. Eingefleischte Marathonfahrer kennen dies und buchen deshalb in sicherer Entfernung eine Unterkunft. Diesmal wurde im Hause eines Nobelitalieners eine FeWo geordert.

Sehr praktisch solch eine Unterkunft, besonders wenn man diese mit mehreren Leuten bewohnt. Als verspätetes Weihnachtsgeschenk hatte ich meine Eltern eingeladen, um sich dieses Bikefest mal anzuschauen. Sie waren bis dato nur beim Stevens-Cup dabei und wollten mal mehr Aktion sehen. Da fiel mir sofort Willingen ein, denn hier ist das Treiben rund um das Fahrrad sehr sehenswert.
Während ich mit dem Sponsor anreiste, kamen meine Eltern in Eigen-

regie zu der Unterkunft. Schon auf dem Weg konnten sie das Treiben irgendwie nicht richtig deuten, denn die Durchfahrt durch Willingen erwies sich nicht kurorttypisch. Als wir dann aber den Warsteinerdom erobert hatten, da fühlte sich zumindest mein Vater wieder sehr wohl. Zwar besitzen und benutzen meine Eltern zahlreiche Stevensräder, dennoch waren die wilden Downhiller schon etwas besonderes. So wurden neben kulturhistorischen Fotos der Eisenbahnbrücke auch zahlreiche Bilder von eigenwilligen Harcorebikern in das Familienalbum geklebt.

Olympia 2012 in unserer Hansestadt Hamburg
[24. Juni 2002]

Was ist schon Fussi-WM 2006 in der AOL-Arena, wenn wir 2012 auch richtig geile Sportarten ausrichten dürfen. Die Hamburger zeigten bereits am Freitag, dass sportlich mit Ihnen zu rechnen ist, denn es wurde ein Radrennen als Shooter für den samstägigen Triathlon ausgetragen. Rund um den Stadtpark führten die 16 Runden à 4 Kilometer für die Elitefahrer. Wir MTB'ler bestellten leider nichts, aber die Straßenfahrer aus unserem Verein wurden 1. und 3..
Am Samstag begann dann der Auftritt von Frau Helmke. Im Triathlon zeigte Kathrin der Konkurrenz, dass sie immer noch sehr gut in diesen Disziplinen ist, besonders im Baden. Sie gewann mit 7 Minuten Vorsprung – kein Kommentar, oder!?

Axel, Timo, Jens und Phillip zog es nach Husum zu einem Straßenrennen. Ohne genauere Angaben war nur zu hören: Leider nichts erreicht. Dafür war am Sonntag der große Tag unser MTB'ler auf dem Straßenrad. Bei dem Rennen "Rund um den kleinen Kiel" gaben Jens und Timo maßgeblich das Tempo an und überrundeten das Feld. Derjenige, der sich ihnen angeschlossen hatte, wurde von Timo im Sprint eiskalt abgelascht. Glückwunsch Timo zur Mitgliedschaft im A-Team.

Carolin zog es auch auf die Straße. Sie fuhr in Lauf bei Nürnberg in einem gut besetzten Damenrennen auf Platz 7. Anwesend war zum Beispiel auch Hanka Kupfernagel, eine Radfahrerin, die ja bekanntlich Radfahren kann.
Der verbleibende Rest fuhr natürlich ein MTB-Rennen, wie es sich eigentlich auch gehört. In Bad Driburg ging es auf bekannter Strecke, nur diesmal von der Therme aus, so richtig zur Sache. Flo und Benny zeigten eine gute Leistung, wobei Benny im Sprint gewann. Flo wurde hinter dem Gesamtführenden 3..

In der Damenklasse zeigte unsere genesene Sandra, dass wieder mit ihr zu rechnen ist. Kathrin Schwing gewann vor Sandra und Kathrin, die wohl noch etwas angeschlagen war. 5. wurde Nadine, die immer noch an ihrer Gesundheit zweifelt.

In der Eliteklasse war ein hochkarätiges Feld am Absperrband. Nationalfahrer aus Dänemark und den Niederlanden sorgten für ein spannendes Rennen. Christian Poulsen, Worldcupfahrer vom Kolding Bicykle Club, setzte von Anfang an die Maßstäbe. Er gewann ohne Problem mit 4 Minuten Vorsprung. Yohannes fuhr ein Superrennen, denn er rollte von hinten bis auf Platz 2 vor. Dabei verwies er in der letzten Runde F. Schmude (GIANT) auf Platz 3. Wolfi zeigte wieder Biss und kämpfte lange auf Platz 4, bis ihn ein Einbruch auf den Rang 11 zurückwarf. Moritz erreicht den 13. Platz.

Ich fand mich diesmal auch sehr geil, denn ich hatte einen guten Start und konnte den 5. Platz von Anfang an halten. Kämpfen musste ich allerdings wie ein Löwe, denn die Konkurrenz schläft nicht. Komischerweise habe ich jetzt den 2. Platz in der Gesamtwertung inne, mal sehen, was das so wird.

Trauer und Freude liegen dicht nebeneinander
[30. Juni 2002]

Leider hat Deutschland wohl im Endspiel verloren, denn es ertönte auf dem NRW-Cup in Nöthen kein Jubelgeschrei. Während wohl alle Fußball schauten, fuhren wir bei bestem Sambawetter erneut um die Wette.

Sandra und Kathrin waren pünktlich zum Anpfiff dran. Kathrin kam am Start gar nicht voran, da sie erneut am Samstag einen Triathlon absolviert hatte. Sandra hingegen im blauen Leadertrikot sorgte für Dampf an der Spitze. Doch dann kam das Leid für Sandra, denn ein Sturz beendete abrupt jeglichen Siegeswillen. Die Diagnose erschreckte alle Fahrer, denn ein Wadenbeinbruch ist so schlimm, wie er sich anhört. Trainingsausfall für 4 Wochen ist kurz vor der DM einfach Scheiße. Kathrin profitierte von einem Defekt ihrer Konkurrentin und siegte in der Damenklasse. Dies ist allerdings nur ein kleiner Trost. Bei den Junioren fegten Flo und Phillip zusammen um den Parcours. Taktisch klug gefahren und schwubs ist Flo der Tagessieger und Gesamtführende. Phillip legte seinen direkten Widersacher im Sprint flach und wurde somit 2..

Carolin, die sich in Klausur in Bayern befindet und gezielt ihren DM-Einsatz plant, absolvierte am Weekend 2 Rennen. Samstag ein Straßenrennen in Fürstenfeldbruck, welches sie gewann. Sonntag dann der Bayern-Cup und schon wieder ein Sieg. Carolin, du machst mir Angst, denn die Formkurve zeigt ja sehr progressiv nach oben.

Mette und Nadine hatten ihre dänischen Meisterschaften auf der Straße. Im Zeitfahren auf dem Siegesweg wollte der Reifen die Luft nicht mehr halten, so dass für Mette „nur" der 4. Platz herauskam. Nadine wurde 15. und was am Sonntag im Straßenrennen passierte, weiß ich noch nicht.

Im Eliterennen erwischte zumindest ich einen guten Start und war deshalb von Anfang an vorne dabei. Jens, der auch mal wieder Rennfahrer spielen wollte, zerlegte seine Kette am ersten Berg. Nach und nach kamen meine Teamkollegen an mir vorbei geflogen und bestimmten fortan das Renngeschehen. Zuerst attackierte Timo mit einem Coast-Fahrer und zersprengte das Feld. Danach gingen bei ihm die Lampen auf rot und Yohannes nahm die Verfolgung der Führenden auf.

Timo half mir noch ein wenig, bevor er mit Platten in die Boxengasse einbog. Ich kämpfte auf Platz 5 mit dem Gesamtführenden um die Punkte, während Yohannes den Sieg einfuhr. Moritz scheint auch wieder der Alte zu werden, denn der erreichte 7. Rang ist gut. Trotz schweren Sturzes von Axel, der sein Fahrrad einbeulte, erbeutete dieser den 18. Rang und danach 5 Minipizzen beim Bäcker. Hätte sich Sandra nicht schon wieder so schwer verletzt und Deutschland gewonnen, dann wäre es ein gutes Wochenende gewesen. So war es wie es halt war.

Gedanken zur Tour
[02. Juli 2002]

Während sich unser Team zur Deutschen Meisterschaft stählt, begannen die Helden der Landstraße ihre Tour der Leiden. Ich denke, dass jeder Radsportfan nun wieder 3 Wochen gespannt auf die Flimmerkiste starrt und alles in sich hineinsaugt. Die Jungs sind halt noch ein bisschen geiler als die MTB´ler, zumindest suggeriert die Presse diesen Eindruck. Voller Vorfreude saß ich da nun und sah die Highlights der Tour 01, als die Meldung von der DPA direkt per SMS auf mein Mobilfon zischte, dass unser „Gelbe Riese" gedopt sei. „Potz Blitz", dachte ich mir wie vom Schlag getroffen:„Was ist denn das für eine Meldung?", als auch schon in Sondersendungen darüber berichtet wurde.

Das Ende war schließlich, dass unser Jaaaan wohl zu viel Party gemacht und dabei von einem „Freund" Lutscher aus der Tic-Tac-Schachtel bekommen hat. Es ist natürlich Scheiße, wenn man die Tour verletzungsbedingt absagen muss. Noch schlechter ist es aber, besoffen den Porsche kaputt zu fahren. Nichts gegen das Trinken, aber so ein Auto macht man einfach nicht am Fahrradständer kürzer. Die Krönung ist aber, sich Aufputschmittel reinzuwerfen wie 20-jährige Technojünger. Mensch Ulle, dass hast Du doch *nicht nötig. Hast Du nicht begriffen, wie schnell und leicht Du soviel Geld, als auch Ruhm und Anerkennung erlangen konntest? Deine erreichte Position in der Gesellschaft ist wirklich nur wenigen Leuten vorbehalten und jeder von uns begeisterten Radfahrern würde alles dafür tun, dorthin zu gelangen.*

So, nun aber zurück zu den Helden des Alltags, denn in der WG-Breitenfelder füllten sich die Betten mit Teamgenossen. Es wurde in dieser Woche schon richtig trainiert, denn morgens MTB in Harburg und nachmittags Straßentraining hinterm Auto hinterlassen merkwürdige Gefühle in den Gehstempeln. Gekrönt wurde dieses Training noch durch das Norddeutsche Sommerwetter mit Regen und Matsch.

Beruflich bedingt musste ich mich dann auch noch alleine aufmachen, dieses intensive Programm zu fahren. Wer mich kennt, der weiß, dass ich so etwas hasse und dementsprechend war die Woche einfach schlecht. Apropos schlecht, schlecht waren auch die ersten Tage für Sandra mit Krücken im Alltagsleben. Nach kurzer Eingewöhnung managt sie ihren Tag jetzt aber schon souverän und beim Wasgau-Marathon will sie wieder dabei sein. Am nächsten Samstag ist wieder mein großer Auftritt in Österreich. Mit Startnummer A1 und vielen internationalen Fahrern an der Arschbacke, geht es diesmal nur 220 Kilometer durch das hoffentlich sonnige Salzkammergut. Bin jetzt schon aufgeregt, denn mein sportlicher Leiter begleitet mich persönlich nach Bad Goisern. Es wird hart werden, denn als Titelverteidiger werden wohl alle auf mich schauen und gukken, was der Dano so vorhat.

Die Leute werden es ja sehen, was so passiert. Zumindest habe ich heute auf dem MTB noch mal eine 180-Kilometer-Schleife gedreht und das mit einem 30-er Schnitt. Thomas und Kathrin werden auch vor Ort sein. Vor Thomas sollten sich die Gegner aber noch mehr fürchten, als vor mir, denn der Typ hat letztens ein Rennen des Polen-Cups gewonnen. Diese Rennserie ist in der BRD nicht sehr bekannt, die Starter dort sind aber europäische Spitzenfahrer, die eine gute Zweiradversicherung haben.

Gedanken, Gefühle und etwas Aufregung

Normalerweise dachte ich, ich bin der Geilste. Bei weitem gefehlt, denn je näher der Termin der Titelverteidigung rückte, desto poröser wurde ich. Man sagte mir immer, dass ein „Durchkommen" das Hauptziel ist. Dennoch will man als Vorjahressieger nicht einfach nur mitfahren.

Da verstand auch ich auf einmal Fahrer, die bei Rennen unter Erfolgs druck stehen. Irgendwie begleiten einen die Gedanken an das Rennen immer wieder und man weiß nicht, was man dagegen tun soll. Beim Startschuss ist dann alles vorbei, sagte ich mir und benahm mich, von da ab, im Alltag wieder normal. Die Aussichten für das Wetter am Rennwochenende waren entsprechend gut, so dass ich mich freute, endlich starten zu dürfen.

Am kommenden Samstag, dem 13. Juli, wird Stefan Danowski aus dem Hamburger Stevens-Jeantex-Team versuchen seinen Titel bei der Salzkammergut Trophy in Österreich zu verteidigen. Dieser einzigartige Mountainbike-Marathon gilt als das härteste Eintagsrennen weltweit, denn es sind neben den 220 Offroad-Kilometern auch 7000 Höhenmeter zu bewältigen. Eine konsequente Vorbereitung, sowie bisher erreichte Rennerfolge in der Saison 2002 lassen den 31-jährigen zuversichtlich auf die Herausvorderung blicken. Ein Podiumsplatz ist bei diesem Rennen schon ein Erfolg, denn bei einer Renndauer von ca. 12 Stunden kann einiges passieren, meint der sportliche Leiter Jens Schwedler, der dieses Jahr die Betreuung übernimmt.

Zeitungsartikel: Mit der Startnummer A1 zur Titelverteidigung

Salzkammergut-Trophy 2002
[14. Juli 2002]

So als Titelverteidiger des härtesten MTB-Marathons ist das so eine Sache, denn die Erwartungen sind entsprechend hoch. Im Vorwege wurde natürlich versucht, dies ein wenig zu relativieren, da bei Fahrzeiten von zirka 11 Stunden und 7000 Höhenmeter manch Unerwartetes passieren kann. Diesmal war Jens als Betreuer dabei, damit ich ständig über Rückstände und soweiter informiert sein konnte. Außerdem waren ja die ersten Europameisterschaften auf der 100 Kilometer Runde angesagt, bei der sich Thomas und Kathrin messen wollten.

Da wohl das Papier in Österreich ein seltenes Gut ist, habe ich leider keine Ergebnisliste ergattern können, so dass die Schilderungen ohne Namen erfolgen müssen. Es sei aber angemerkt, dass es jetzt tatsächlich Europameister gibt, und dann auch noch eine Frau und einen Mann.

Mein Tag begann um 4.00 Uhr mit ein bisschen Müsli und einer leckeren Banane, bevor ich mich im Dunkeln an den Start tastete. Dort bekam ich auch noch meine richtige Startnummer mit Namen, die am Tag zuvor von begeisterten Fans wohl entwendet worden war. Pünktlich um 5.00 Uhr machten sich dann 200 Fahrer auf, die Berge zu erobern, bei herrlichstem Wetter und entsprechenden Sommertemperaturen.

Schon am Anfang merkte ich, dass das diesmal wohl etwas anders werden würde, denn das Startempo war wesentlich höher und ich hatte so meine Bedenken, ob man dies in diesem Tempo durchhalten würde. Den Ausreißer, der die Kohle beim Sprint in Bad Ischl abziehen wollte, ließen wir gewähren, denn nach dem Sprint stellte es ihn auf. So zogen wir im Quartett unsere Schleifen, ohne 6 Stunden lang ein Wort zu wechseln.
Tinker, der Lutscher, Juarez hing die ganze Zeit bei uns am Hinterrad, als wir versuchten, einen Schweizer wieder einzufangen. Der hatte sich wohl vorgenommen, auf 220 Kilometer keine Führung zu fahren, obwohl er eindeutig der Stärkste von uns war. Sei´s drum, am Salzberg zog er uns ab und gab Gas. Mir lief das Wasser nicht nur aus dem Helm, denn die Sonne stand direkt auf dem 30%-Anstieg. Mein österreichischer Begleiter zog am Berg auch den Parkschein, so dass ich von da ab auf Platz 3 lag.

Es sollten aber noch zirka 60 Kilometer folgen, wobei 1.7 Kilometer wieder zu wandern beziehungsweise zu klettern waren. Im vorhinein gestärkt mit Powergels ging es diesmal nur mit ein paar Krämpfen die Steine hoch. Zwischenzeitlich eingeholt von den Fahrern der 100-Kilometer-Runde, fanden sich immer wieder Leute, an denen man sich kurzzeitig festbeißen konnte.
Am letzten Berg kam aber der Mann mit dem Riesenhammer, denn es erschien der Sternenhimmel am hellichten Tag. Kurzer Abstieg vom Rad und der Überlegung, was nun zu machen sei. Es folgte die Erkenntnis, dass ich ja sowieso mit dem Rad zurück muss. Also rauf auf den Bock und hoch den letzten Berg. An der nächsten Labstation, die wie immer vorzüglich bestückt war, rettete mich die Wurstsemmel vor dem Tod.

Mit diesen neuen Kraftreserven flog ich überglücklich als 3. ins Ziel. Tinker hatte mit einer Fabelzeit von 10.52 Stunden gewonnen. Der Schweizer Daniel Keller wurde 2.. Zwar hatte ich meine Zeit auf 11.28 Stunden hinuntergeschraubt, die Konkurrenz war aber diesmal einfach zu stark für mich. Trotzdem bin ich mit der Platzierung hoch zufrieden, denn ein Podiumsplatz bei solchen Rennen ist immer ein Erfolg, besonders wenn einige Leute 16 Stunden für die Strecke benötigten.

Bei dem EM-Rennen gewann Fr. Stöckli (Schweiz) und Mr. X aus Italien. Für Kathrin und Thomas lief es nicht ganz so gut, obwohl ihre Platzierungen sich sehen lassen können.

Kathrin wurde 7. und Thomas 12. Jens, der ja das Rennen von außen beobachten konnte, meinte auch, dass es unglaublich war, wie schnell beide Klassen unterwegs waren. Das war halt kein gewöhnlicher Marathon, sondern eine EM, die jeder gerne gewinnen wollte.

Mir hat es wieder sehr gut in Bad Goisern gefallen, denn die Orga ist einfach perfekt und die Gastfreundschaft vorbildlich. Das Wetter hat diesmal natürlich auch entscheidenen Einfluss gehabt, denn bei Sonnenschein ist das Salzkammergut einfach schön. Während der Fahrt über den Kurs konnte ich diesmal die Landschaft bewundern, denn solche Erderhebungen gibt es in Norddeutschland einfach nicht. Gerne werde ich mich erneut nach Bad Goisern aufmachen, aber nur, wenn ich ein paar Tage länger bleiben kann, um die Landschaft zu genießen.

Bundesligarennen im Münchner Olympiapark
[14. Juli 2002]

Am Sonntag reisten wir nach München zum Bundesligarennen im Rahmen der Porsche Pro Open Cycling Series. Die 3 Stunden sitzend im Auto waren aber die Hölle für meinen verkraterten Popo, so kam dann auch kein Neid auf meine Rennkollegen auf, dass sie Rennen fahren durften und ich nicht.

In der Damenklasse war das Feld leider durch Nichtanwesendheit der deutschen Prominenz geprägt. Denn 11 Starterinnen bei einem Bundesligalauf, bei dem sonst alles passte, ist einfach peinlich. Nichtsdestotrotz gab Mette am Anfang so richtig Gas und führte die ersten beiden Runde das Feldchen an. Ein Sturz auf einer welligen Abfahrt zerstörte ihren Rennrhythmus. Carolin fuhr ein sehr konstantes Rennen, in dem ihr 3. Platz nur kurz vor dem Ende von Mette bedrängt wurde. So wurde unser BILD-Zeitungs-Superstar 3., vor der dänischen Meisterin Mette. Gewonnen hat der MERIDA-Floh Irina Kalentieva vor Katrin Schwing.

Bei den Profis wurde Yohannes 6., Moritz 21., Axel 40. und Wolfi 45.. Timo rutschte in einer Kurve weg und zerstörte sich seinen Schuh, die Folge war der Ausstieg. Gewonnen hat C. Bresser vor M. Fumic (T-Mobil) und M. Spesny (MERIDA). Es war ein spannendes Rennen mit sehr vielen Runden und damit reichlich Überholmanövern. Man wusste später aber nicht mehr wirklich, wer in welcher Runde fuhr. War mir eigentlich auch egal, denn ich lag in der Sonne auf dem Rasen und tankte Kohlenhydrate, während bei den anderen der Schweiß lief. In der nächste Woche ist DM und wir sitzen gerade in einer Ferienwohnung bei Neustadt an der Weinstraße.

Vor der Deutschen Meisterschaft in Schopp

Aus der bayrischen Hauptstadt ging es für Yohannes, Timo und mich directly weiter nach Neustadt an der Weinstraße. Unser Teamkollege Wolfi hatte dort in einem Weingut eine FeWo für uns besorgt, so dass wir gemeinsam bis zur DM dort trainieren sollten. Das Wetter, immer Sonnenschein laut Wolfi, war norddeutsch regnerisch. Ob es nun das Wetter war oder der allgemeine Gemütszustand, das weiß ich leider nicht mehr, aber wir kamen so ins Grübeln.

Was wird das nächste Jahr so bringen, war das Diskussionsthema beim Abendbrot. Die Sponsoren hatten eine Radikalkur angedeutet, das hieß 6 Fahrer sollten im Team verbleiben, bei gleichen Sponsorengeldern. Soll heißen, dass die Förderung und Betreuung erheblich verbessert werden würde. Der Leistungsdruck, der ja ohnehin präsent ist, würde auch steigen. So stellte sich die entscheidende Frage: „Wer darf bleiben und wer geht?"

Timo, der Weltenbummler zwischen Waterkant und Bergdorf München, ist momentan im totalen Lebensumbruch. Die Trennung von Carolin während der Woche ist nicht mehr akzeptabel, so dass nach einer Möglichkeit des Zusammenziehens gesucht wird. Das angestrebte Praktikum bei BMW fiel ins Wasser, weshalb nun an anderen Alternativen gebastelt wird. Wenn Carolin in Hamburg einen Job finden würde, dann wäre das auch eine Lösung, aber welcher Arbeitgeber gibt gerne die Freiheiten zum Biken?

Dementsprechend ist Timos Moral derzeit etwas geknickt. Es muss sich schon gewaltig in der Teameinstellung und Betreuung etwas ändern, damit Timo noch mal den Drive bekommt, sich richtig quälen zu wollen. Solche Aussagen vor der DM scheinen nicht professionell, sind aber realistische Einschätzungen eines Sportlers, der die Höhen und Tiefen miterlebt hat.

Diese Auf's und Ab's sind Wolfi auch sehr gut bekannt. Nach dem Meistertitel '99 und sehr guten Worldcupergebnissen kamen Jahre ohne großen Erfolg. 2002 sollte ein Jahr für ihn werden, in dem das

Team ihm Rückhalt gibt und er allmählich den Spaß am Radeln wiederfindet. Das Jahr zeigte aber, das Wolfi einen wirklich sehr labilen Gemütszustand hat, denn schon ungewohnte Kleinigkeiten bringen ihn aus der Bahn. Sofortige Leistungsdefizite beziehungsweise Lustlosigkeiten bewirken schlechte und nicht akzeptable Rennergebnisse. Jens redete sich den Mund fusselig, ohne etwas bewegen zu können. So blieb Wolfi vor der DM auch zu Hause und trainierte nicht mit uns in Hamburg unter der Betreuung von Jens.

5. Die zweite Hälfte der Saison

Zumindest für mich beginnt nun die 2. Hälfte der Saison. Nach dem ersten Höhepunkt folgte der zweite Streich eine Woche später. Für die meisten des Teams soll und ist die Deutsche Meisterschaft der Höhepunkt der Saison. Es wurde sich teilweise akribisch auf diesen Tag vorbereitet. Wochenlang stand das Trainingsprogramm im Vordergrund des Tages, da meistens 2 Einheiten am Tag auf dem Plan standen.

Nach der Arbeit versuchte ich am Abend entsprechend harte Programme zu fahren. Wenn der innere Schweinehund besiegt wurde und das Wetter auch mitspielte, dann lief soetwas auch. Leider präsentierten sich in der Wochen vor der DM, als wir noch in Hamburg verweilten, das Wetter eher norddeutsch. Man quälte sich dann auf der Rolle, oder fuhr mit dem Schlechtwetterrad 10 mal den Elbhang hoch bis man fast umfiel.

Nun ja, für das lange Rennen reichte die Kondition, bloß was ist mit einem schnellen Meisterschaftsrennen. Es musste also in der Woche vorher versucht werden, sich ausgiebig zu regenerieren und dennoch ein paar harte Einheiten zu fahren.

Die Tage vor der
Deutschen Meisterschaft 2002

Direkt nach dem Rennen in München ging es in die Wolfsschanze, das heißt wir fuhren zu Wolfi nach Neustadt an die Weinstraße. In einer hübschen Ferienwohnung wollten Timo, Yohannes und ich die Zeit bis zur DM überbrücken. Nach Aussagen von Wolfi hat man in seinem Revier super Trainingsbedingungen, sowohl was das Wetter, als auch die Streckenwahl angeht.

Am Ruhetag fing es dementsprechend auch erst am Nachmittag an zu regnen, so dass zumindest der gemeinsame Einkauf trocken blieb. Dank Satellitenfernsehen und einer modernen Küchen genossen wir das gemeinsame Mahl bei interessanter Fernsehunterhaltung à la Tour.

Am Dienstag stand dann eigentlich ein Spezialtraining auf dem Programm, wobei unsere drei Kandidaten gegeneinander fahren sollten. Ich blieb außen vor, da ich ja der geschlagene Held von Bad Goisern war und außerdem konnte ich auch noch nicht wieder auf dem Sattel sitzen. Gemeinsam fuhren wir in Richtung Weinberge. 15 Minuten nach dem offiziellen Start drehte ich um, da ich das Unheil schon kommen sah. Nach zirka 30 Minuten auf der Rolle in der trockenen Garage kam auch Timo triefend nass zurück und gesellte sich zu mir. Yohannes genoss das kühle Bad in den Weinbergen und schwärmte von der tollen Runde im Wald. Wolfi fuhr sein Programm eisern durch, obwohl der Regen nicht nachließ. Das geplante Training war es ja nicht, aber abends fuhr dann jeder, seinem Plan entsprechend, noch eine Einheit auf der Rolle. Am nächsten Tag sollte dann mit dem zurückkehrenden Sommer zu rechnen sein, meinten die einheimischen Weinbauern. 2 von den angesetzten 4 Stunden fuhren wir tatsächlich im Trockenen, die Sonne verschanzte sich zwar hinter den Wolken, aber klagen wollten wir nicht. Die folgende Komplettspülung trübte dann ein wenig die Gesamtstimmung, da es von da an wirklich genug war mit dem Regen. Ferner dachte auch schon jeder an die DM-Strecke, die bei dieser Feuchtigkeit wohl auch etwas feuchter sein sollte. Da solche Scheißtage meistens schlecht weitergehen, schockte uns die Tatsache auch nicht, dass wir einen Platten am Auto, sowie einen geklauten Heckwischer hatten. Abends kam dann auch noch Carolin.

Vorbelastung vor dem Wettkampf ist etwas ganz tolles, denn man fährt im Renntempo mit dem MTB durch den Wald und muss fast kotzen. Vor einer DM ist dies natürlich sehr wichtig. Besonders gut dabei ist, wenn man dies auf der Rennstrecke absolvieren kann. So quälten wir uns durch den Wald und genossen den schönen Kurs. Das Streckenprofil erinnert stark an unser Trainingsrevier in Harburg: Kurze steilere Anstiege gepaart mit sandigem Boden und schnellen Abfahrten. Es kamen an sich alle Fahrer sehr gut mit der Strecke zurecht, was natürlich hoffen lässt.

Frei am Freitag ist klar, so dass wir zirka 1 Stunde mit unserem Herbergsvater um die Wette fuhren, da er uns zeigen wollte, wo der Chefkoch seine Muskeln hat. Hinnerk, unser mitgereister Mechaniker, und Jens bereiteten in der Früh die Räder. Wie es sich vor den Meisterschaften gehört, wurde das Rad noch mal komplett durchgecheckt und die Verschleißteile getauscht. Jens opferte sogar sein Parfum um entsprechenden Glanz auf den STEVENS-Aufdruck zu bekommen. Wir hingegen nutzten die freie Zeit, um das Sortiment von Aldi-Süd zu checken oder die Tour-Bergetappe komplett zu begleiten.

Deutsche Meisterschaft in Schopp
[21. Juli 2002]

Um den alten Traditionen zu entsprechen, erfolgt zuerst die Darstellung der Großwetterlage, bevor die geografischen Einzelheiten erörtert werden. Ein Tiefdruckgebiet über der Biskaya hat nichts mit dem Sonnenschein und 25°C in Schopp zu tun. Die Strecke ist knochentrocken und die Asphalttemperatur im Radstation beträgt 42°C, optimal für die neuen Gummimischungen aus dem Hause Ritchey. Der Kurs liegt komplett im Schatten und alle Passagen sind sehr gut zu befahren, wobei die knackigen Anstiege relativ kurz und heftig sind. Die Abfahrten sind für den Highspeedfan ausgelegt, will heißen, dass schlechte Techniker wie ich, hier auch etwas bestellen können.

Wie immer bei MTB-Rennen hieß es auch am Sonntag: Ladies first. In der Eliteklasse der Damen kann man sich anhand erbrachter Leistungen der Vergangenheit schon in etwa die Platzierung ausrechnen. So prophezeite Jens auf der Teambesprechung ein Ergebnis zwischen 5-8 für Carolin und 10-15 für Verena. Solche Prognosen müssen dann nur noch in die Tat umgesetzt werden.

Das übersichtliche Startfeld von 17 Damen machte sich um 13.00 Uhr auf ihre 6 Runden. Sabine Spitz (MERIDA) legte von Beginn an die Rundenzeiten vor und der Rest folgte brav. Verena hatte an diesem Tag als einzige einen Defekt. Ein Platten zwang zum Reifenwechsel, der allerdings durch ihre Coolheit vereitelt wurde. Diese Frau ist so kalt, dass die Ventile beim Aufblasen mit der CO_2-Patrone einfach einfrieren. Carolin fuhr ihr bisher bestes Meisterschaftsrennen, denn sie erfüllte die Forderung vom sportlichen Leiter und wurde 5.. Es war ein hartes Stück Arbeit, weil die Konkurrenz aus den eigenen Reihe von hinten drängte. Der Angriff wurde aber abgewährt und die Topfive-Platzierung ins Radstadtion gefahren. Sabine Spitz wurde Deutsche Meisterin vor den Frauen Schwing und Marunde.

Die Profis und Elitefahrer hatten dann um 14.30 Uhr ihren großen Auftritt. Gestärkt von einer Gratisportion Nudeln aus der Herberge, waren wir sehr motiviert und wollten einen Podiumsplatz, den Jens gefordert hatte. Nach dem Start relativierte sich dieser Sachverhalt schnell, denn außer Timo und Wolfi kam der Rest schlecht aus der Stadionrunde. So hieß es eigentlich für alle Fahrer, sich von hinten durch das Feld zu kämpfen, was nicht einfach ist bei einer DM.
Timo, der dieses Jahr anscheinend den ZONK gezogen hat, stieg an Position 45 liegend aus. In der 1. Runde noch vorne dabei, stellte es ihn dermaßen auf, dass er sogar auf Abfahrten Zeit verlor. Nach gutem Training und viel Motivation war Wolfi zuerst auch in aussichtsreicher Position zu finden. Der kraftraubende Kurs zollte aber Tribut und bescherten dem Lokalmatadoren den 30. Platz.

Am besten kamen Yohannes und Thomas mit der Jagd nach vorne zurecht. Zwischenzeitlich noch für mich sichtbar, fuhren sie in den letzten 3 Runden noch bis ganz nach vorne. Die Aufholjagd wurde mit Platz 5 für Thomas und Platz 6 für Yohannes belohnt. Der sportliche Leiter war aber nicht zufrieden, denn wenn man von Beginn an richtig gefahren wäre, dann wäre auch der Podiumsplatz erreichbar gewesen. Hätte, wenn und aber, wir haben alles gegeben.
Den 220 Kilometer Marathon weggesteckt, die Brandblasen am Po bandagiert und eine Top 15 Platzierung auf der Wunschliste von Jens waren meine Prämisse für das Rennen. Start war wie immer sehr zurückhaltend, danach folgte ein einzelner Kampf auf der Runde. Am Ende holte dann der alte Marathonmann seine Gegner wieder ein, so dass ich von Platz 25 bis auf den 12. vorfuhr. Meine beste Meisterschaft, die ich je gefahren bin, das war toll. Moritz musste fast aus der letzten Reihe starten, so dass der 22. Platz gut erscheint. Zufrieden war Moritz damit aber nicht, denn er hatte sich mehr erhofft. Eine Trainingsplanumstellung soll nun seine Chancen auf der U23-DM nächste Woche entscheidend verbessern.

Mecker vom Cheffe

Es war eine merkwürdige Stimmung nach dem Rennen, denn die einzelnen Sportler, sowie der Trainer Jens, mussten das Ergebnis erst mal verkraften. Während die Mädels und ich gelöst und freudig wirkten, sah es bei den „Leistungsträgern" anders aus. Jens war nicht mit der erbrachten Leistungen zufrieden. Der angesagte Sturm auf das Treppchen war gescheitert. Alle Hoffnung der ohnehin wenig rosigen Saison auf erwähnenswerte Leistungen bei der DM wurden nicht erfüllt. So standen wir um Jens herum und mussten einstecken.

Sein Tun und Handeln wird über unser Abschneiden bewertet. Setzen die Sponsoren auf Titel bei Meisterschaften und wir gewinnen Blumentöpfe oder Trockenblumen, so steht er unter Dampf. Es spielen viele Faktoren auf der MTB-Klaviatur mit, dennoch sollte jeder bei sich die Hauptursache für das schlechte Abschneiden suchen. Wenn Jens wochenlang erzählt, dass bei diesem Rennen der Start das Ding entscheidet, dann fragt man sich warum erst in den letzten Runden, die Gegner überholt worden sind.

Timo, der am Start richtig Schub gab, kam später überhaupt nicht mehr zurecht. Yohannes und Thomas kamen fast gar nicht in Schwung, obwohl beide direkt an den richtigen Hinterrädern aufgestellt wurden. Der Raketenstarter Thomas wurde nicht Herr seines Treibsatzes, so dass er sich in der Verfolgergruppe wiederfand und mühsam nach vorne kroch. Da war der Abstand zur Spitze zu groß, um auf das Podest zu kommen.

Nachdem Jens sich des Frustes entledigt hatte, wurde der Plan für die kommende Woche noch mal umgestellt. Gerade für Moritz war dies wichtig, denn die U23-DM war eine anwesenheitspflichtige Veranstaltung für unsere Junggebliebenen. Timo saß fast teilnahmslos auf den Steinstufen, da er eigentlich nicht recht glauben konnte, was heute geschehen war. In der Vorbereitung noch voller Zuversicht und beim Abschlusstraining immer vorne mit dabei und dann so eine DM. Da lief es schon das ganze Jahr über nicht rund für ihn und jetzt nochmals so ein Tiefschlag. Nach zirka 2 Stunden schweigender Autofahrt konnte ich ihm aber wieder ein erstes Lachen entlocken.

U23 Deutsche Meisterschaft

[28. Juli 2002]

Ladies first, auch diesmal wieder, denn Mette Andersen ist DÄNISCHE MEISTERIN 2002. Gratulation vom gesamtem Team für diese tolle Leistung. Über das Renngeschehen kann ich leider nichts berichten, denke aber, die Konkurrentinnen waren einfach langsamer und konnten unserem besten Pferd im Stall nicht folgen.

In Elmendingen war die Deutsche Meisterschaft der U23 und Junioren. Auf einem anspruchsvollen Kurs in den Weinbergen wurde den Fahrern bei Temperaturen um 35°C alles abverlangt. Besonders eine steile lange Rampe bereitete den jungen Windlichtern von der platten Küste einige Probleme.

Unser Jugendfahrer Benjamin Jost bestätigte seine Ausnahmestellung in der BRD, denn er wurde DEUTSCHER MEISTER 2002 in der Jugendklasse, Glückwunsch!

„Problem" hieß dann das Stichwort für den gesamten restlichen Tag. Beim Start der Junioren verhakten sich die beiden Favoriten und kamen zu Fall. Markus Kauffmann und unser Benny konnten erst nach dem Richten der Räder wieder ins Rennen einsteigen. Benny erreichte daher nur den 22. Platz, Flo wurde 13. und Philip stieg nach Runde 3 aus.

Es sah so gut aus für Yohannes Sickmüller, denn er lag auf Platz 2 bis kurz vor Rennende. Abstände nach vorne und hinten rangierten so um eine Minute, bis diese beknackten Krämpfe kamen. Da ging auf einmal nichts mehr und Yohannes wurde bis auf Platz 8 durchgereicht. Wenn aber die Muskeln nicht mehr wollen, dann nützt auch der eiserne Wille nichts. Kopf hoch Yohannes, die EM steht vor der Tür.

Deutscher Meister wurde Manuel Fumic (T-Mobil) vor J. Käs und T. Böhme. Rang 14 und 18 gingen an Moritz und Axel. Moritz hatte sich mehr erhofft, die Hitze war aber einfach zu kräftezehrend. Axels Platz ging für ihn in Ordnung, sagte er im Schumistau auf der BAB.

Urlaub

Während sich unsere Jugend die Woche noch mal eifrig auf das bestehende Großereignis vorzubereiten hatte, machten die Alten von uns Urlaub. Zumindest Timo und ich genossen das rennfreie Wochenende ausgiebig. Große Karosserieumbauten an Timos neuem VW-T4 standen wohl bei ihm im Vordergrund, oder doch die Freundin? Wollen wir ja gar nicht genau wissen, denn Privates muss auch mal privat bleiben.

Das Wort Urlaub kannte ich eigentlich nur von den Kollegen, die dann immer ihre Arbeit bei mir abladen. Diesmal hatte die ganze Firma dicht, deshalb Dano auch im Urlaub. Ich besann mich auf alte Leidenschaften und ging surfen an der Ostsee. Nachdem die Finne meinen Neoprenanzug und das Schienenbein aufgerissen hatte, wurde das Blut durchs Salzwasser weggewaschen und der Wasserstart klappte schließlich. Schön war es über die Wellen zu gleiten und zu merken, das man nichts verlernt hat. Allerdings halten meine Puppenarme nicht mehr so lange den Naturgewalten stand.

Auch das Grillen mit den Freunden klappte wider Erwarten bestens. Die leckere Schlammbowle besorgte aber einen vorzeitigen Abbruch der Konversation beziehungsweise des trainingsfreien Tages. Nie wieder Alkohol, schwor ich mir und stürzte mich auf das Malzbier. Muss dennoch etwas unausgeglichen gewirkt haben, da meine Bekannten mich zu einem 10 Kilometer-Mittagnachtslauf meldeten.

Rennen ist Rennen und das braucht man halt. Start war dann um 23.00 Uhr mit 1200 anderen Läufern im Ostseestation Heiligenhafen. Als Rennfahrer schummelte ich mich gleich in den 1. Startblock ohne zu wissen, welche Zeit ich überhaupt auf 10 Kilometer laufe. Nach dem Schuss ging es erst mal den Deich hoch und runter, bevor wir durch Menschenmassen im Ferienzentrum zu Höchstleistungen motiviert wurden. Es wurde der 49. Rang mit einer Zeit von 39:15 Minuten Ich glaube, das war ganz ordentlich für einen Radfahrer.

Das Finale des NRW-Cups
[12. August 2002]

Obwohl der letzte Lauf dieser Serie in Wetter (Ruhr) stattfand, hielt sich das Wetter bis zur Siegerehrung tapfer. Danach allerdings ging es los, wie sonst auch überall in Europa im Sommer 2002. Diese Veranstaltung auf dem Harkotberg war perfekt organisiert und bot anspruchsvolles MTB-Feeling für die zahlreichen Zuschauer. Die gute Location sowie Aussteller, über Parkplätze bis zur anspruchsvollen Strecke ließen uns nochmals motiviert zu Werke schreiten.

Flo und Phillip gestalteten wie immer den Auftakt. Phillip erwischte einen Raketenstart und zog allen davon. Leider konnte er dieses Spitzentempo nicht halten und wurde nach und nach von den aufrückenden Fahrern eingeholt. Flo kämpfte zunächst in der Spitzengruppe, bis er den Anschluss an die starken niederländischen Fahrer verlor. Danach besann er sich auf den Gewinn der Gesamtserie durch taktische Spielereien mit seinem Verfolger. Dieses Unterfangen gelang dann auch, womit Flo den Gesamtsieg des NRW-Cups nach Hamburg schaukelte. Ach ja, im Rennen wurde er 5. und Phillip 10., der jetzt sogar schon einen Führerschein hat.

Kathrin, die als Führende in den Finallauf startete, sicherte sich den Gesamtsieg. Ihre Platzierung teilte sie mir leider nicht mit und im Netz waren die Informationen auch nicht aufzufinden. Aus dem gleichen Grund kann ich auch nichts über Timo und Carolin beim Bike-Challenge berichten. Es mag aber auch daran liegen, dass ich meinen Mobilfunkvertrag bei O_2 gekündigt habe, da mir das Wasser in diesem Sommer bis zu den Eiern steht. Meine Erreichbarkeit ist damit natürlich etwas eingeschränkt.

In der elitären Profiklasse war diesmal ein Feld am Start, welches sich nicht verstecken musste. Der deutsche U23 Meister sowie diverse niederländische Deichbauer rundeten das sowieso schon gute Peleton nach oben ab. Unseren ausländischen Fahrern sei allerdings gesagt, dass wir Vizeweltmeister sind. Nach diesem Motto ließ ich denn auch einige von ihnen vorbei, ohne wirklich etwas entgegen zu setzen. Für mich lief es mit Platz 10 nicht so wie sonst, aber bei der Konkurrenz war das eigentlich in Ordnung. Es reichte somit zum 4. Platz in der Gesamtwertung.

Yohannes und Wolfi fuhren diesmal ein sehr geiles Rennen, wobei Wolfi der Begriff Renntaktik noch einmal erklärt werden muss. Man fährt einfach nicht vor Manuel Fumic rum, wenn man weiß, dass der nur locker hinterher pedalliert. Was soll's, der 4. Platz ist für Wolfi eine Bestätigung seines Trainings der vergangenen Wochen. Yohannes, der sich momentan konzentriert auf die WM vorbereitet, haute sich richtig in die Fresse und belegte hinter Manuel Fumic und einem Niederländer den 3. Platz. Er schob sich somit in der Gesamtwertung hinter Thorben Pottgießer auf Platz 2, Glückwunsch!

Obwohl mich natürlich wurmt, dass so ein Kind mir den 2. streitig macht, blicke ich fröhlich den zukünftigen Ereignissen entgegen. Unser Teamchef W. von Hacht hat mir nämlich die Vollmacht zur Erziehung der Sprößlinge erteilt. Da Yohannes ja immer zu spät zu verabredeten Treffpunkten erscheint, darf ich das nächste Mal einfach ohne ihn abfahren. So kann es passieren, dass am nächsten Wochenende beim Finallauf der Bundesliga in St. Märgen Yohannes einfach zu Hause bleibt, wenn er nicht pünktlich im Bus sitzt.

Die Welt ist schon merkwürdig

[18. August 2002]

Während wir bei strahlendem Sonnenschein und staubigem Untergrund unsere Runden in St. Märgen zogen, bricht an der Elbe und Mulde die Welt zusammen. Obwohl ich ja gewöhnlich als gefühlskalt und ignorant gelte, bewegten selbst mich diese erschrekkenden Bilder aus den Hochwassergebieten. Sogenannte Live-Schilderungen aus Bad Goisern (Salzkammergut) und Dresden bestärkten auch meinen Beschluss, etwas für die Leute in den Krisengebieten zu tun. Glaubt jetzt aber nicht, dass ich meinen Urlaub opfere und Sandsäcke befülle, denn einerseits ist das nichts für Radfahrer, andererseits werden diese Aktionen leider auch nicht belohnt (Deichbrüche).

Ich als Dienstältester, Teamsprecher und Kassenwart in Personalunion habe deshalb unbürokratisch und undemokratisch beschlossen, dass das STEVENS-JEANTEX-TEAM die Mannschaftskasse spendet. Der Erlös von so manchem Teamrennen floss auf dieses lukrative Konto in Liechtenstein und sammelte dort zinsesverzinste Euros an. Wir werden damit zwar nicht den Osten neu aufbauen können, dafür fällt die Frage weg, wofür wir das Geld nach der Saison auf dem Kopf hauen.

Doch nun zum Sportlichen an diesem Wochenende. Am Samstag Abend mussten Yohannes und ich beim Citysprint in St. Märgen Nähe Freiburg antreten. Nach 7 Stunden Autofahrt und Rundenbesichtigung lief der Start eher bescheiden. Der Kampfgeist, unsere Härte sowie das Pech der anderen Teams bescherte uns dennoch einen 3. Platz hinter 2 Teams von Albgold.

Der Sonntag begann leicht aufregend, denn Benni wurde das Rad aus dem Auto gestohlen. Da wir zu weit entfernt von der Strecke wohnten, musste Benni auf einem markenfremden Ersatzrad seine Runden ziehen. Dies gelang fast bis zum Ende des Rennens, denn kurz vor dem Ziel zerbrach das geliehene Stück und Benni musste auf Platz 4 laufen. Bei den Junioren hatten Materialdefekte alle Hoffnungen zunichte gemacht, denn ein Riesenkettenklemmer stoppte Benni Hill, ein zerbrochenes Sattelgestell bedeuteten bei Flo das Aus.

Die Damen zeigten dann, wie man gut Rad fährt und dabei das Material schont. Mette, unsere Meisterin aus Dänemark, fuhr ein gutes Rennen auf dem anspruchsvollen Kurs. Sie wurde 5. und sicherte sich somit Platz 3 in der Gesamtwertung. Carolin kam auf Platz 7 und fährt jetzt mit Timo nach Dänemark.
In der Eliteklasse war ein starkes Feld am Start, denn die belgischen Nationalfahrer nahmen den Wettkampf als Vorbereitungsrennen für die WM mit. Der einzige der vorne etwas

mithalten konnte war Wolfi. Er belegte den 7. Platz, eine starke Leistung bei solcher Kon-
kurrenz. Thomas konnte nicht mithalten und stieg aus, denn irgendwie war die Luft raus,
wie er nach dem Rennen meinte.

Yohannes kam auch nicht richtig in Schwung und wurde 15., dennoch erreichte er den
3. Platz in der Gesamtwertung der U23-Klasse. Ich hatte auch meine Probleme. Zuerst
wollten die Beine gar nicht, dann noch ein Plattfuss. Ich zeigte aber Moral und stieg
nicht aus. Am Ende der 25. Rang und Platz 26 in der Gesamtwertung. Es hätte schlim-
mer kommen können. Um 1.00 Uhr in der Früh war ich dann zu Hause. Ach so, ein Bel-
gier siegte vor C.Bresser (T-Mobil) und einem weiteren Belgier.

Kathrin und die Hills

Frau Kathrin Helmke ist uns ja bekannt aus unzähligen Trainings-
und Renneinheiten. Seit Beginn meiner Radlaufbahn war sie stets präsent und immer wieder mal waren wir sogar in einem Team. Anfangs
war ich von ihr recht beeindruckt, da sie die 5-Stunden-Einheiten mit
der Männergruppe mitpedallierte. Es war auch immer nett, sich mit
ihr in der Doppelreihe zu unterhalten, denn es gab immer etwas zu
quatschen beziehungsweise über jemanden zu lästern.
Nach ihrer Trennung von M.B., unserem ehemaligen Fahrer und
Betreuer, änderte sich in meinen Augen auch Kathrin. So ging mir
schon auf Fuerteventura ihr Treiben gegen den Strich. Sie stellte sich
dar, als wäre sie die Tollste und Schönste im Team. Es wurde einer auf
Welle gemacht, bis der ganze Club überflutet war. Kein Mann war mehr
sicher, denn Kathrin war auf der Suche nach einem Neuen.
Ist vielleicht etwas überspitzt dargestellt, anderen Teamfahrern ging ihr
Verhalten aber auch mächtig gegen den Strich. Man hielt sich deshalb
etwas abseits von ihr auf, um nicht in dieses coole Umfeld hineinge-
rissen zu werden und zu erfrieren.
Familie Hill in Form von Benny und dem begleitenden Vater standen
dieser Anziehungskraft machtlos gegenüber. So bahnte sich in den Trai-
ningslagern eine neue Teambeziehung an. Als ferner Beobachter stellte ich mir aber immer die Frage, welcher Hill denn nun das Opfer der
Begierde sei. Man sah nur noch alle 3 zusammen auftreten und handeln. In der Saison ging es dann soweit, dass dieses Trio gemeinsam zu
unseren Rennen fuhr und uns dabei fast ignorierte.

Mit Vater Olaf Hill kam ich gut zurecht. Er ist sehr umgänglich, nett und in Sachen Radsport ein kompetenter Ansprechpartner. In Verbindung mit Kathrin gab es aber teilweise ein explosives Gemisch. In Bad Goisern wurde dann auch mir klar, dass Olaf der Auserwählte war. Sichtbar wurde dies bei der Beladung des Autos, da hier Olaf nach getaner Arbeit erst mal richtig gestaucht wurde. Das muss wahre Liebe sein, da sie dieses Verhalten auch ihrem Ex gegenüber häufig an den Tag legte.

Höhepunkt der gemeinsamen Teamabspaltung war dann die DM. Alleinige Anreise und Übernachtung im Nachbarhotel waren noch die Kleinigkeiten. Kein gemeinsames Training und noch nicht mal das wichtige letzte Mahl vor der Entscheidung wurde mit den 3 Hills absolviert. Für mich war das der Bruch, denn so tritt man nicht als Team auf. Krönend hinzu kam die Tatsache, das unser Mechaniker aber noch mal eben die Räder checken sollte.

Sonntag zu Hause und trotzdem fleißig gewesen
[31. August 2002]

Für Rennfahrer ist es in der Saison schon merkwürdig, am Sonntag gemütlich zu Hause zu verweilen und dabei nicht mal ein schlechtes Gewissen haben zu müssen. Der Grund ist einfach und banal, denn das Rennen war am Samstag. Der Sauerland Marathon in Grafschaft hatte geladen und wir freuten uns auf diesen gut organisierten Wettkampf. Leider gab es im Vorfeld einige Probleme mit den Meldungen beim Veranstalter, doch ein nettes Gespräch beruhigte die Wogen. So genossen wir die kurze, aber immer wieder schöne Zeit im Maritim Hotel, welches wohl das beste Frühstücksbüfett im Universum aufbaut.

So stellten wir uns mit gespanntem Trikot um 9.00 Uhr zum Massenstart hin. Wetter gut und Strecke trocken, Regen nicht in Sicht und hochkarätige Fahrer am Start. Kathrin, Sandra, Flo, Wolfi und Moritz peilten die kurze Runde (65Kilometer) an, während für mich natürlich nur die 115 Kilometer in Frage kamen. Nach dem Start lief eigentlich alles normal, bis Herr Moritz Bock durch eine gemeine Attacke das Feld zerlegte.

Bekanntestes Opfer seiner Gewalttat war Dano. So fiel ich aus der Führungsgruppe heraus und wurde nach hinten durchgereicht. Der Verzweiflung nahe, da mich jetzt schon unser Junior überholt hatte, riss ich mich noch mal zusammen. Man darf einfach nicht so klanglos aus einem Rennen gehen, insbesondere nicht, wenn PIRATE-Fahrer an einem vorüberziehen. Also Kopf runter und los ging es. Zuerst wurde die Gruppe vor uns ein-

geholt, danach gesprengt und die restlichen 2 Statisten abgehängt. Da war ich dann 4. auf der langen Runde, wobei Flo, Moritz und Wolfi noch vor dem Erreichen des Zieles wieder gestellt wurden.

Kathrin zeigte Teamgeist, denn sie ließ Sandra, die seit ihrer langen Verletzung ihr erstes Rennen fuhr, im Sprint hinter sich. Toll! Platz 1 und 2 bei den Damen auf der kleinen Runde gingen somit an das Stevens-Jeantex-Team. Bei den Junioren holte sich Flo den 3. Platz, einen Pokal und die Aufwandsentschädigung. Moritz, der eigentlich jedes Rennen gewinnen will, wurde 7. auf der kleinen Runde. Wolfi fuhr wohl gleich zum Auto, denn auf der Ergebnisliste ist er nicht zu finden.

Die 2. Runde lief bei mir schon wesentlich besser. Der Rückstand von 3 Minuten wurde zwar geringer, dennoch reichte es nicht mehr, um die 3 Fahrer vor mir einzuholen. Zum Glück hatte Mr. Hüter (Pirate) sich als Senior geoutet, so dass ich auf Platz 3 in der Herrenklasse vorrückte. Nach endlosem Warten ging es dann zur Siegerehrung, wo neben dem Pokal auch ein leckerer Schluck Kirschwein vergeben wurde. Geschickterweise vertuschte der Veranstalter die Zeitverzögerung durch Freigabe des Kuchenbüfetts, ein angenehmer Zug.

Die Rückreise gestaltete sich auch nicht langweilig, denn bei Highspeed flogen Reifenteile aus den Sommersemislicks meines Opels. Also alle Räder und Taschen raus, Reifen gewechselt und alles wieder rein. Den Reifenwechsel schafften wir in Rekordzeit und auch das Aufpumpen des Ersatzrades gelang ohne Probleme. Zur Verzweiflung treiben mich aber Flo's Weisheiten von der Rückbank: 500 ml Isodrink passen doch tatsächlich genau in die Halbliter Maximflasche, ach was!

Nächste Woche ist für mich rennfrei. Der Rest macht Fotoshooting oder fährt in Volksdorf ein Straßenrennen.

Rennfrei, Steaks und alkoholische Aufbaugetränke
[08. September 2002]

Von oberster Stelle wurde für mich ein rennfreies Wochenende genehmigt, um die Strapazen der vergangenen Wochen zu verdauen. Endlich Zeit um mal ausgiebig das Leben zu genießen und die Seele baumeln zu lassen. Freitags zog es mich allerdings noch mal ins Stevens-Headquarter, um am Bike zu schrauben. Die mitgebrachte Kiste Bier war am Ende leer und mein Radlenker schief, was ich allerdings erst am Samstag merkte.

Axel und Hinnerk, unser Teammechaniker, halfen mir bei der Radmontage und der Erzeugung des Leergutes. Unser Axel hat am kommenden Wochenende seinen letzten Auftritt auf dem MTB. Das Finale des Stevens-Jeantex-Cup in Norderstedt ist sein offizieller Abschied aus dem Team. Sein Entschluss stand schon lange fest, denn seine Lehre steht nun im Vordergrund seines WG-losen Lebens.

Natürlich werden sich Dinge im Team zur nächsten Saison ändern. Wissen tue ich viel, vermuten tue ich noch mehr und sagen tue ich noch nichts. Bis das offizielle O.K. der Teamleitung zur Veröffentlichung interner News nicht da ist, bleiben meine 2 Schreibefinger ganz ruhig. Da ich stolzer Besitzer eines Zweijahresvertrages bin und bis jetzt noch keine Kündigung kam, ist diese Gelassenheit auch berechtigt.

Das Wochenende in Hamburg war wohl wieder aufregend, denn sowohl ein Triathlon World Cup als auch der Straßenklassiker in Volksdorf standen auf dem Highlightkalender. Wenn soviel Sport in der Hansestadt angeboten wird, dann ist es immer besser, aus dieser zu fliehen. So bewegte ich mich zu meinen Freunden zum Grillen an die Ostsee. Perfektes Timing, denn als der Magen kein Steak mehr sehen konnte, begannen Fußball und auch Basketball im Fernsehen. Das Wetter am Sonntag war dann auch noch strandtauglich, so dass Erholung stattfinden konnte.

Wie es dem Rest des Teams so ergangen ist, das weiß ich leider nicht. Yohannes, der sich vor der WM bei einem Sturz die Rippen gebrochen hat, wird wohl höchstens mit seinem ferngesteuertem Auto gefahren sein. Moritz und Flo wollten in Volksdorf an den Start, was mit ihnen so passierte, werde ich Euch später erzählen, wenn ich nähere Infos habe. Carolin und Timo haben sich bei mir nicht gemeldet, also wohl auch kein Rennen gefahren. Unser sportlicher Leiter, der sich jetzt konsequent auf die Crosssaison vorbereitet, wird wohl in Volksdorf am Lenker gerissen haben. So, ab nächster Woche wieder ein Rennbericht, denn das Finale in S-J-C in Norderstedt ist angesagt. Also bis dann.

Die Zahl des Tages ist die Drei!?

[14. September 2002]

Der Tag begann mit 3 Scheiben Brot und den Nachrichten auf N3. Im Wahlspot der FDP war auch immer von 3 Kanzlerkandidaten die Rede, allerdings sind die ja selbst für den Inhalt verantwortlich. Es ist immer wieder schön, ein Rennen in der nahen Umgebung zu haben, denn so ist das Wochenende sehr entspannt. Der Finallauf des STEVENS-Jeantex-Cup auf dem Norderstedter Müllberg ist Tradition und für viele Biker der Abschluss der MTB-Saison. Für mich ist es allerdings erst das drittletzte Rennen in diesem Jahr.

Nach dem dreistündigen Training am Vortag und 3 schweren Beinen, upps, entschloss ich mich, eine kleine Vorbelastung zu fahren. Also 3 mal 10 Minuten am Morgen und die Beine machen wieder das, was man von ihnen erwartet. Danach noch mal das Warm-up der F1 angeschaut und Schumi auf Platz 3 entdeckt.

In Norderstedt war für die Elitefahrer bis zum Start um 12.57 Uhr auch noch nicht viel los, außer dass Flo und Kathrin den Gesamtsieg holten. Herr Schröder hatte sich in der Woche langgemacht und hat jetzt fast so hübsche Knie wie ich. Wahrscheinlich blockierten die Verletzungen die Storchenbeine, so dass in der Einzelwertung „nur" der 4. heraus kam.

Die 3 Piraten, die ich sichten konnte, waren Gott sei Dank alte Männer, so dass keine Gefahr in Schwarz drohte. Zu Dritt machte sich das schmale Stevens-Jeantex-Team auf, um vom Dänen das Gelbe Trikot zu erobern. Mit der Startnummer 3 ging ich direkt hinter Jens auf die 10 Runden auf dem saharatrockenen Rüttelkurs. Mein Fully gab alles, leider konnte es Jens und einem Dänen nicht folgen. So fuhr ich die ganze Zeit auf Platz 3 um den Kurs, wobei der gelbe Däne immer weit hinter mir lag.

Axel, der das letzte MTB-Rennen seines Lebens fuhr, gurkte irgendwo im Feld umher. Flaschenhalter sowie alle Trikottaschen waren dauerhaft mit Hopihalidos* gefüllt. So wundert es niemanden, dass die Platzierung egal war und der Spaß des Rausches im Vordergrund stand. Sein Zieleinlauf war ein Fest und die Bierdusche ein Highlight des Cups 2002.

An der Spitze musste Jens leider den Dänen ziehen lassen und sich mit dem 2. begnügen. Bekanntlich sieht man aber mit dem 2. besser. Der Sieg ging also an die nördlichen Nachbarn. Durch meinen 3. Platz gewann ich aber zum 3. Mal in Folge die Gesamtwertung. Dano glücklich, Jens entspannt, Axel breit und die Sponsoren zufrieden, so meine Zusammenfassung der sonntäglichen Ereignisse.

Einziger dunkler Schatten war der Unfall der beliebten Grillstube auf zwei Rädern. Keine Rennwurst und kein Schankbier. Da wird natürlich auch ein W. von Hacht nervös. Also rein in den Kombi und die Tanke geleert, damit die Kehle des Streckensprechers geölt werden konnte. Für den Wurstersatz sorgte Smiley's, die mit 3 Smarts mindestens 20 Pizzen auf den Acker brachten.

So, in der nächsten Woche geht es noch mal in Solingen um UCI-Punkte. Vermisse ein gelbes Trikot für den Gesamtsieg!? Biete die Starnummer 3 als Tauschobjekt.

Axel's last MTB Bike-Event

* Holsten-Pilsner-Halbliterdosen

Der Stefan-Jeantex-Cup

Genannt wird die norddeutsche Rennserie STEVENS-JEANTEX-CUP. Da dieses Ereignis die letzten 3 Jahre von mir gewonnen wurde, könnte er auch umbenannt werden. Anfänglich habe ich darauf hingewiesen, dass bei dieser Veranstaltung meine Radlaufbahn begann. Ich weiß noch ganz genau, wie ich früher mit Kay die Guten bewundert haben. Jens im GIANT-Trikot, Armin Müller in den Farben von AMERICAN EAGLE und die ganze Von-Hacht-Meute mit Hoffi als Zugpferd.

7 Jahre später habe ich bestimmt 20 Rennen auf dem Müllberg bestritten. Unweigerlich geht da die Motivation verloren, besonders wenn das Fahrerfeld von 100 auf 35 Fahrer geschrumpft ist. Zuschauermassen gab es früher, denn damals war das Rennen ein echtes Highlight für die Norderstedter. Es wurde neben dem Sportlichen auch reichlich rund um das Rad geboten, was nun leider auch nicht mehr der Fall ist. Außer der Nummernausgabe mit Kuchen, ein paar Stevensrädern und der Wurst/ Bier Kombobude ist nichts am Start, so dass die Zuschauer eher zu Hause verweilen.

Ich will den Cup nicht schlecht reden, aber eine Veränderung sollte stattfinden, damit die Jugend mehr Spaß am Rennfahren bekommt. Neue Strecken, eventuell Sprint,- oder Marathonrennen mit neuer Punktevergabe könnten schnell Abhilfe schaffen. Ferner sollte versucht werden, andere Topfahrer an den Start zu locken. Die Krönung wäre natürlich ein Toprennen in den Harburger Bergen, denn dort gibt es Strecken mit Woldcup-Niveau.

Gewinner und Verlierer sind bei MTB-Rennen eindeutig
[22. September 2002]

Diesmal machten wir uns mit 3 Autos auf, um zum MTB-Rennen nach Schöningen zu fahren. Nicht, dass wir uns nicht verstehen und deshalb getrennt reisen, sondern Carolin und Timo ziehen in Bayern zusammen. So waren beide Autos bis unters Dach voll mit Surfbrettern, Rädern, Plattendrehern und Büchern der Thermodramatik, weshalb für mich kein Platz mehr war. Wer jetzt aber denkt, dass man mit 3 Autos garantiert zum

Rennen kommt, der wurde fast eines Besseren belehrt. Carolins Luftfilter wurde wohl mit Dreckwasser gespült, wie der gelbe Engel diagnostizierte. Meine Fahrkünste bescherten mir einen 180° Turn auf der BAB-Ausfahrt. Außer Riesenflecken unter dem Arm alles im Lot.

Mit soviel Erlebtem im Bauch machten wir uns im rekultivierten Tagebau auf, die 7.5 Kilometer lange Runde zu erradeln. Carolin hatte schon am Start den 2. Platz sicher, dennoch fuhr sie auf Sieg und errang diesen auch. Die Strecke hatte technische Passagen, die sehr anspruchsvoll waren, da der Regen den Seifenfaktor brachte. Allerdings wurden die reizvollen Abschnitte durch endlose Geraden an alten Fließbändern getrennt. Es ist auch nicht besonders zuschauerfreundlich, wenn das Feld dann mal eben für 15 Minuten verschwindet. Um es den Zuschauern interessanter zu machen, zogen wir mit Timo erst mal das Feld auseinander. Es blieben nur 3 Fahrer übrig, so dass alle Podiumsplätze vergeben waren und wir konnten taktisch spielen. Den ersten Zug machte Timo und schoss am steilen Teeranstieg davon. Fabian Brezenski (EX-Stevens) musste nun ran und die „Löcher" stopfen. Machte er super, denn auf einmal war ich vorne und Timo Nummer 2. Am Ende siegte ich mal souverän vor Timo und Fabian.

Unsere Rennen fanden noch im Trockenen statt, zwischenzeitliche Regenschauer liessen aber diese Veranstaltung leider etwas verfließen. Schade, denn es wurde mit sehr viel Mühe und Engagement ein gutes Rennen in den rekultivierten Tagebau gezaubert. Kürzere Runde mit bisschen mehr hoch und runter, dann sind wir nächstes Mal wieder am Start, auch wenn der schon um 11.15 Uhr ist.

Am Freitag wurde noch der Saisonabschluss der Bahnsportler zelebriert. Auf unserer Radrennbahn fanden noch ein paar schöne Wettkämpfe statt, während ich mich um das Essen kümmerte. Immer wieder herrlich, mit Bier und vollem Mund andere Sportler anzumachen. Das schönste war allerdings, dass der große Herr Karrasch (Piratefahrer) einfach von Junioren überrundet wurde und alle haben es gesehen. Da nützten seine Rechtfertigungen am Stammtisch auch nichts mehr, denn beim Wintertraining muss er sich das ein jedes Mal anhören.

Das war wirklich das Letzte ......!

[29. September 2002]

An sich war alles wie immer, denn am Mittwoch wusste ich noch nicht, ob ich in St. Wendel am Start stehe oder nicht. Mein Überstundenkonto zeigte aber über 8 Stunden Plus, so dass ich mich entschloss, auf blauen Dunst ins Saarland zu reisen. Es gestaltete sich sehr angenehm, denn bei Sonnenschein und leeren Autobahnen ist man schon nach 6 Stunden dort. Nach einer kleinen Trainingseinheit und dem Shopping bei Aldi-Süd ergatterte ich sogar noch eine Startnummer.

Trotz meiner Ankündigung, nie mehr im Auto zu nächtigen, versuchte ich es nochmals mit Luftmatratze. Es ist ein Zugeständnis an die Sponsoren, die mich alleine reisen ließen und ich das leere Teamkonto nicht weiter ins Negative treiben wollte. Zuvor verweilten wir mit Fahrerkollegen bei der leckeren Nudelparty. Dort erfährt man die Neuigkeiten aus anderen Teams und knüpft neue Kontakte. Bereits um 21.00 Uhr schloss ich mein Schlafzimmer, denn es war ein harter Tag.

Der Sonntag begann früh, denn die Eiszapfen in der Nase kitzelten mich wach. Das Frühstück in der Festhalle zauberte wieder Beweglichkeit in die Glieder. So gestärkt standen wir dann um 9.00 Uhr am Start bei kühlem, aber sonnigem Wetter. Während Sabine Spitz dem Fernsehen noch Geschichten erzählte, spielte ich ein wenig an ihren neuen XTR-Hebeln rum.

Nach dem Schuss sammelten sich eigentlich alle vorne, die auch später vorne sein wollten. Es war ein ruhiger Start, denn ich konnte diesmal über eine Stunde lang in der Spitzengruppe mitkurbeln. Dann attackierte allerdings Herr Bettin und alles war wieder durchgemischt. In unserer Verfolgergruppe wurde um Platz 8 gefahren, so dass auch hier am Berg nicht geschoben wurde. Alles sah gut für mich aus, denn ich war als Senior gemeldet und lag dort nach meiner inoffiziellen Hochrechnung auf Platz 2.

25 Kilometer vor dem Ziel verlor aber ein Kettenglied seine Fassung. Folglich gab auch das Schaltwerk und Schaltauge ihren Geist auf. Meine Fassung war dann auch nicht mehr stubenrein. Der Zuschauer, der mir Hilfe anbot, wurde auf das schärfste angepöbelt. Jörg Hüter, meinem ärgsten Konkurrenten vom PIRATE-Team, warf ich den Kettennietendrücker ins Kreuz und drohte ihm Schläge an. Ich beruhigte mich wieder und fuhr mit dem gebasteltem Singlespeed locker die direkten 10 Kilometer ins Ziel zurück. Außer Spesen, nichts gewesen.

Das Mauro Bettin gewonnen hatte, interessierte mich eigentlich nicht, denn ich sah zu, dass ich schnell nach Hause kam. Im Auto fragte ich mich immer wieder, was dass denn so sollte. Da gurkt man 1380 Kilometer durch die Republik und wird auf aussichtsreicher Position aus dem Rennen gerissen, nur weil ein Niet nicht mehr wollte. Scheiße! Nach meiner Frustbewältigung am Sonntag geht es mir aber schon wieder besser, denn jetzt ist nach 31 Rennen der Saison 2002 endgültig Schluss.

Der Veranstalter des WASGAU-Marathon in Lemberg wird es nicht gerne lesen, das der Abschluss in St. Wendel stattfand, denn für alle Profis und Hobbyfahrer ist das eigentliche Ende erst am nächsten Wochenende. Wir werden aber eine Abordnung nach Lemberg schicken, damit zumindest ein paar Hobbies mehr da sind. Ich lege die Beine hoch *und bereite mich seelisch auf die Teamausstiegsparty von Axel vor. Sprühsahne auf nackten, kahlen Männerbrüsten bei Hardcorepunk und Dosenbier bedarf einer mentalen Vorbereitung.*

6. Schluss, aus und vorbei

Das soll es jetzt für dieses Jahr gewesen sein. Habe die Nase auch voll vom Rennstress allgemein. Schnelles Um-die-Wette-Fahren ist weniger das Problem, als das ganze Drumherum. Meistens beginnt die Hektik in der Woche, denn man kümmert sich um Fahrgelegenheiten, Unterkunft und Anreise im Allgemeinen. Donnerstag steht dann immer noch eine Trainingseinheit mit Vorbelastung auf dem Plan, die nach 8 Stunden Arbeit wirklich leicht fällt. Am Freitagabend oder Samstagmorgen geht es dann auf die BAB. Bis zum Hattenbacher Dreieck, zirka 400 Kilometer vom Stevens Headquarter Hamburg City entfernt, verläuft die Fahrt fast wie jedes Wochenende monoton und autopiloten gesteuert. Danach kann es dann schon interessanter werden. Nach dem Einquartieren in irgendwelchen Unterkünften geht es zur Streckenbesichtigung und anschließendem Feintuning der Highend-Bikes.

Der Besuch beim ortsansässigen Italiener wurde sich redlich verdient. Ab jetzt kann man ein bisschen abschalten und versuchen, sich auf das Rennen zu konzentrieren. Im Hotel bekommen die schlaffen Muskeln noch ein wenig Stretching, bevor das Abendprogramm die liegenden Radfahrer in den Schlaf lullen muss.
Rennvorbereitung steht am Sonntag im Vordergrund. Aufstehen und verhalten das Büfett plündern, bevor es zum Radfahren geht. Danach wird sich nochmals entspannt und etwas Nahrung zugeführt, denn der Start der Eliteklasse ist meistens nach 14.00 Uhr. Ab 12.00 Uhr geht es zur Piste, wo sich dann warmgefahren wird.

Da eine Siegerehrung auch einen Wettkampf fordert, wird dieser meistens vorher absolviert. Mit Duschen, Ehren und autobeladen ist die Uhr meistens schon bis 17.30 Uhr vorgeschlendert. Nun beginnt das Nervigste des ganzen Wochenendes, die Heimreise. Alle im Auto pennen, während ich gemütlich nach Hause rase. Wenn wir uns vor Mitternacht komplett in Hamburg verteilt haben, dann waren wir schnell. Toll, denn um 5.00 Uhr klingelt der Wecker am Montag. Diese Anstrengungen sind nun erst mal passe`.

Crossauftakt für den Meister Jens S aus PI
[06. Oktober 2002]

Nahtloser Übergang von der MTB- zur Crosssaison. Für Jens hieß das Aufbruch zur Titelverteidigung. Zum Tag der Deutschen Einheit sollte die Crosselite in Berlin-Kreuzberg ihre Standortbestimmung vornehmen. Unsere unabhängigen Streckenbeobachter K. Gierhahn und Dr. P. Lührs begutachteten unseren Recken. Bei Sonnenschein und trockenem Boden bei 17°C kamen natürlich keine richtigen Crossgefühle auf. Dennoch bot die Weltelite ein Superrennen, in der die Spannung nicht zu kurz kam.
Jens kämpfte in der 3. Gruppe um Platz 7 oder 8, denn vorne war der Weltmeister weg und für die Verfolgergruppe war der Zug abgefahren. Jens hatte zu uns gesagt, dass man dann doch mal eben 110% fährt und das Loch zumacht. Geht halt doch nicht immer, gell? Am Ende reichte es zum 12. Platz. Denke, das war ein guter Auftakt bei dem starken Feld.
Wir hatten hier am Donnerstag eindeutig mehr Spaß. Flo, Axel, Sven und ich begutachteten eine Marathonstrecke in der Heide. Ja, es kündigt sich ein Highlight im August 2003 an, denn in der Nähe von Buchholz wird es einen Marathon der Extraklasse geben. Es wird der schnellste Singletrail-Marathon Deutschlands werden. Wer jetzt aber denkt, dass wir hier landschaftlich nichts zu bieten haben, der sollte sich dieses Event nicht entgehen lassen. Als Preis winkt eine Nacht mit der Heideblütenkönigin und die ist richtig süß.

Freitag Nacht war die Nacht des Axel Bethge. In der WG-Breitenfelder wurde das Ausscheiden aus allen seinen Funktionen anständig begossen. Freunde, Kollegen und einige Teamfahrer versuchten sich mit dem Umgang von Alkohol und Ähnlichem. Das mit dem Wodka gelingt mir immer nur bedingt, denn am nächsten Morgen brennt die Rübe. Es ging dennoch gut zur Sache, ohne das wir personelle Verluste beklagen konnten. Moritz ließ zwar beim Tanzen einige Frauen mit dem Kopf auf den Boden fallen, aber was soll da schon passieren? Lediglich Familie Sickmüller gab mir Rätsel auf. Der Musikgeschmack von Yohannes ist mir ja bekannt und entlockt mir keine weiteren Gesichtsentgleisungen, aber die beiden haben mir immer die leeren Gläser aus der Hand gerissen und sofort abgewaschen. Das gab mir wirklich zu denken.

So jetzt ist genug, denn ich muss meinen Kopf etwas kühlen und mir Gedanken über die neue Saison machen. Nächste Woche geht es dann ans Eingemachte mit dem Hauptsponsor. Ziele, Erwartungen, Verbesserungen und diverse andere Dinge werden dort auf den Tisch kommen. Hoffe, dass der Leasingvertrag für meinen gesponserten Mercedes E55 auch dort unterschrieben, sowie meinen neues Gehalt von zirka 10.000 € bestätigt wird. Wenn nicht, fahre ich halt wieder für eine geliehene Radhose.

7. Resümee der Saison 2002

Was soll man nach der Saison anderes machen, als über die vergangenen Rennen nachzudenken. Wann lief es gut und warum war ich dort so langsam? Es liegt immer an einem selber, das ist meine Antwort zu diesen sinnigen Fragen. Insgesamt bin ich mit dem Erbrachten zufrieden, wobei ich bei einigen Rennen mehr erhofft hatte. So ist der Treppchenplatz bei der Trophy eigentlich als Erfolg zu werten, obwohl ich so gerne noch mal gewonnen hätte. Habe aber definitiv nicht den Mut verloren und werde 2003 wieder richtig angreifen. Der Gewinn des Stevens-Jeantex-Cups ist für einen Hamburger immer sinnvoll, denn es gibt in der hiesigen Presse auch mal ein Farbfoto. Die Sponsoren freut der Sieg, beziehungsweise sie setzen ihn fast voraus. Dennoch hat diese Serie leider nicht mehr den Stellenwert wie noch vor 3 Jahren.

Rennen bei denen ich ausgestiegen bin, hielten sich in diesem Jahr in Grenzen. Das war auch die Lehre aus der 2001 Saison. Steige niemals aus, denn das macht dich noch fertiger, als wenn du dich durchgebissen hättest. Danach ging nur ein Straßenrennen „verloren", da mich das Feld umrundete. So steckt man sich für die nächste Saison das Ziel auch mal eine Platzierung auf der Rennmaschine zu erlangen.

Die diesjährige Deutsche Meisterschaft war mit meinem 12. Platz ein echtes Highlight, denn so gut war ich noch nie bei einer Meisterschaft. Leider finden solche Resultate nur bei sportlich geschulten Beobachtern Anerkennung. Die meisten Leute schauen halt doch nur auf das Treppchen und dann besonders auf die Mitte. So bringen 3. Plätze bei irgendeinem Marathon mehr Presse und auch Kohle.

Wo ich gerade beim Geld bin. Finanziell habe ich nach dieser Saison keine Sorgen mehr. Das liegt aber eher an meiner Nebenbeschäftigung als an den Preisgeldern. Man spricht zwar nicht gerne über den Verdienst, dennoch erreichte mein Preisgeld nicht mal einen Monatslohn. Liegt nicht an meinem Ron Sommer ähnlichen Einkommen, sondern an teilweise kläglichem Preisgeld.

Soll nicht heißen, das ich wegen des Geldes Rad fahre, dennoch scheinen die Verdienstmöglichkeiten gering. Hätten wir nicht so gute Sponsoren, dann müssten wir genauso drauflegen, wie die meisten Amateure. Gemessen am Aufwand der betrieben wird, erscheinen die Summen, die gezahlt werden, eher lächerlich. Ich fahre aber MTB, weil es mir Freude bereitet und es ein Schritt zur Selbstverwirklichung ist.

Der normale Bekanntenkreis hält mich schon für etwas ungewöhnlich, vorsichtig ausgedrückt. Es ist eben nicht all- täglich, nach einer 40 Stunden Woche auch noch zirka 20 Stunden zu trainieren. Ich bin aber nach dem Training ausgeglichener als Michael Jackson im Sauerstoffzelt. Außerdem findet man durch den Sport Anerkennung und Bewunderung, die man sonst nur ganz schwer erreichen kann. Wer von zirka 5000 Leuten in einem Festzelt bei der Siegerehrung bejubelt wird, der weiß was ich meine.

Das in der Einleitung aufgezeigte Ziel des Teams, sich 2002 in der Weltspitze zu etablieren, ist definitiv verfehlt worden. Im Woldcup wurde eine Nullrunde geschoben,

Heimspiel auf dem Norderstedter Müllberg

98

in anderen europäischen Rennen erreichte nur Thomas etwas. Die Sponsoren reagierten und zogen die Reißleine. So wird das Team verkleinert und die Saisonziele sind anders gesteckt worden. Ich werde weiterhin meinen Platz in der Mannschaft haben und blicke voller Motivation in die neue Saison 2003, mit zahlreichen Rennberichten.

8. Who is who, oder die Helden der Geschichte

Die nachstehende Aufstellung beschreibt ein paar Akteure dieser Realsatire. Man sollte sich diese am Anfang mal reintun, damit man nicht völlig im Dunkeln tappt. Sie ist im Ranking weder alphabetisch sortiert, noch mit irgendeiner Wertigkeit versehen. Ferner werden auch einige radsportspezifische Ausdrücke im Danodeutsch erklärt.

Jens Schwedler:
Mein Vorbild, mein sportlicher Leiter und durchaus ein angenehmer Zimmergenosse. Ex-Profi bei GIANT und nun bis zum Januar 2003 amtierender Deutscher Meister im Cross, der die Dinge rund um das Team lenkt. Privat lenkt er einen SAAB mit PI auf dem Nummernschild.

Kay Gierhahn:
Entdecker, Mitschüler und Sonderschulpädagoge in Berlin für schlimmere Fälle, als wir es sind. Mit ihm drehte ich meine ersten Runden auf dem MTB, sowie dem Rennrad. Vorbild in Sachen Sport war er einst, nun ist er ein Exemplar mit einer völlig anderen Lebenseinstellung.

Dr. Peter Lührs:
Der 2. im Bunde des Trios mit 4 Fäusten. Normalerweise hätte mich Herr Lührs bis heute ignoriert, wenn ich nicht so gut Radfahren könnte. So gründeten wir auf einem Trainingswochenende im Harz den Expertenclub. In regelmäßigen Abständen wird Alles aus Politik, Wirtschaft und Gesellschaft von uns reflektiert. Die Aufnahme von Kay in diesem Club wurde bis dato verweigert.

Werner und Wolfgang von Hacht:
Die Brüder, die sowohl den Radladen von Hacht, als auch die Marke STE-VENS ins Leben gerufen haben. Der eine stets direkt, der andere eher diplomatisch, aber beide mit dem Ziel, den Radsport in Hamburg zu fördern. Meine Befürworter in Sachen Teammitgliedschaft, denn dort bin ich, ihnen sei Dank, der Dienstälteste.

Offizieller Rennkommissar Gerhardt von Hacht

Gerhardt und sien Fru:
Die Eltern der von Hacht- Brothers, die immer noch alles für den Sport geben. Neben der wohl langweiligen Vereinsarbeit, stehen auch zahlreiche Ausrichtungen von Rennen auf Ihrem Zettel. Rundum sehr zu bewundern für diese ehrenamtliche Arbeit.

Doc Schneider:
Gerald ist der medizinische Rückhalt des Teams. Mehrfache Test bei ihm zeigen immer den Stand der Dinge auf. Von Ihm stammen auch die herrlichen Diagramme, die er noch mit Bill Gates in der Garage selbst formatiert hat. Deshalb auch nur gescannte Exemplare im Anhang.

Das STEVENS-Jeantex-Team 2002

Die einzelnen Fahrer stelle ich hier nicht vor, denn das ergibt sich aus den Berichten und Schilderungen. Es werden aber die Spitznamen etwas erörtert:

Schwens Jedler:	*Jens Schwedler*	Verena Berger:	*Verena Berger*
Wimo 2000:	*Timo Wölk*	Sandra Gockert:	*Sandra Gockert*
Flo:	*Florian Schröder*	Kathrin Helmke:	*Kathrin Helmke*
Axel:	*Alexander Bethge*	Mortiz Bock:	*Moritz Bock*
Yohannes:	*Johannes Sickmüller*	Benjamin Jost:	*Benjamin Jost*
Gummi-Nicke:	*Thomas Nicke*	Mette Anderson:	*Mette Anderson*
Caro:	*Carolin Rahner*	Nadine Brun:	*Nadine Brun*
Benni:	*Benjamin Hill*	Philip Becker:	*Philip Becker*
Wolfi:	*Wolfram Kurschat*	Dano:	*Stefan Danowski*

EB´s, SB´s, KB`s und K3

Tolle Begriffe aus der Trainingslehre, wobei das B für Bereich steht, somit Entwicklungs-, Spitzen- und Kompensationsbereich. Das Training im EB dient dazu, sich an entsprechend hohe Pulsfrequenz zu gewöhnen, beziehungsweise die Laktatbildung in höhere Pulsbereiche zu verschieben. Die beiden anderen Bereiche erklären sich von selbst. Der Ausdruck K3 kommt wohl vom gleichnamigen Berg, oder hieß der K2!? Zumindest steht der Ausdruck für Krafttraining mit dickem Gang und niedrigen Puls.

BDR, UCI, MSG und E1 und E2

Was sich anhört wie der Song der fantastischen Vier, sind vielmehr Abkürzungen aus der Szene: Bund Deutscher Radfahrer, Union Cycliste International, Medizin Sport und Gesundheit, sowie Rennkategorien E1 und E2. MTB-Rennen sind in gewisse Klassen gegliedert, wobei es bei E1- und E2-Rennen wertvolle Punkte für die UCI-Weltrangliste gibt.

S-J-C

S-J-C steht für den hauseigenen STEVENS-Jeantex-Cup, eine norddeutsche MTB-Rennserie. Es stehen zirka 5-8 Rennen pro Saison an, wobei die Austragungsorte bis in die Nähe von Kassel nach Süden vordringen. Start- und Endlauf finden meistens auf dem berühmten Mount Dano (Norderstedter Müllberg) statt.

9. Kommentare zu den Newslettern

Da sich so viele Leute zu den wöchentlichen Berichten geäußert haben und mir deshalb der Entschluss leichter fiel, dieses Werk in Angriff zu nehmen, sei hier eine erquickende Auswahl der Nettigkeiten erwähnt. Die Anonymität bleibt aber gewahrt.

Hallo Stefan,
deine Mails werden gleich mehrfach gelesen. Von mir meist nur überflogen, so wie jetzt. Von Christian, der sich immer auf einen Ausdruck freut, gern aufgenommen. Er freut sich und ärgert sich aber auch mit dir und stellt sich vor, auch endlich auf so einem Steven's Bike zu sitzen. (Er spart schon)

Moin DANO,
mich interessieren natürlich mehr medizinische Einblicke in eueren Teamalltag wann ihr zum Beispiel welchen Smarties einwerft oder wann es euch persönlich besser bekommt die i.v. Infusion am Morgen oder am Abend. Du weißt, ich muss mehr praktisches Wissen erhalten, denn das steht bekanntlich ja nicht in den Büchern!!!

Mein lieber Stefan,
ja auch ich lese Deine Teamberichte mit Begeisterung. Ich frage Dich: was gibt es schöneres, als an einem verregneten Novembermontagmorgen Deine geradezu herzerfrischenden Kapitel aus dem Bereich: „Wann werde ich endlich hyperventilieren", zu lesen.
So lieber Stefan, mach nur weiter so, und wenn ich auch nicht immer schreibe so freue ich mich doch von Dir zu hören. Die Familie ist stolz auf Dich!

Hallo Dano ......
ich bin ja nur ein Externer, aber ich freue mich doch immer wieder auf Montagmorgen, wenn ich auf mein Outlook drücke und so wunderschöne Zeilen lese – so bekommt man wenigstens etwas von der Radsportszene mit, wenn man selber nicht mehr so aktiv ist!!!

Also schreibe immer weiter so und gerade die Einzelheiten wie zum Beispiel Stundenkilometer, ob Regen oder Sonne, wer gut war oder schlecht...Genau das ist das Interessante..

Hallo Stefan,
behalt den Schreibstiel bei, den würde ich vermissen. Jeden Montag auf dem Weg zu Arbeit (Hechel Hechel) freu ich mich schon auf Deine köstlichen Wortspielerein.

Ich würde echt was vermissen. Meistens leite ich sie auch weiter an meine Radkumpels. Die Themen sind doch ok, na ja, muß ja nicht immer sein, zu wissen wann wer von irgendwelchen Blähungen heimgesucht wurde. Aber das lockert doch alles auf.
Was uns interessieren würde, wären zum Beispiel Tests, beziehungsweise Eure Meinung zu neuen Reifen, neuen Materialien oder auch mal Workshop Tips.

Frauenfeindlich?? – Machostiel ist geil, oder wie steht es schon in der Bibel: „Das Weib soll dem Manne untertan sein", – jawohl! Vor einiger Zeit konterte mein kleiner Sohn während eines Streits mit seiner Mutter: „Ich bin froh kein Mädchen zu sein, ihr müßt euch nämlich beim Pippi machen mit dem nackigen Arsch ins Gras setzen." – so ist's recht.

Also Stefan mach weiter so, dann ist der Wochenanfang nicht so trostlos.

Moin Stefan,
da du schon nach einem Feedback fragst. Ich kenn zwar die Leute, von denen Du schreibst nicht, hab auch keine große Ahnung, was bei euch so los ist und habe auf der Arbeit nur ab und zu Zeit, die ellenlangen Berichte zu lesen. Deshalb wandern sie bei mir oft ungelesen in den Mülleimer.

Aber manchmal, wenn ich dann doch mal Zeit habe lese ich sie doch. Und dann stell ich mir immer Dein Gesicht dazu vor und schmeiß mich in die Ecke vor lachen. So wie es geschrieben ist finde ich es wirklich lustig, auch wenn ich es nicht verstehe.

Also, sende mir den Quatsch ruhig weiter ...

10. Daten und Tabellen

Leistungsdiagnostik:
Der letzte Test

MSG
Medizin * Sport * Gesundheit
Peinerstr. 2, 30519 Hannover; Tel.: 0511/84 20 415 Fax: 84 20 410

Leistungsdiagnostik

Name:	Danowski, Stefan	Datum:	22.11.02
Test:	Fahrradergometrie	Stufendauer:	1 min
Beginn bei:	100 Watt	Steigerung:	16.7 Watt
max Leistung:	60 Sek 417 Watt		

Leistung Watt	Hf Schläge/min	Laktat mmol/l
0	43	0,9
100	91	1
150	101	0,7
200	115	0,7
250	126	1
300	141	1,5
350	155	3,3
400	166	7,2
60 Sek 417 Watt	169	9,2
1 Min nach	139	9,7
3 Min nach	107	8,9
5 Min nach	99	7,6

Intensitätsbereiche: Hf

		Bereich	Beschreibung
KB	ganz locker:	bis 106	ganz locker:
G 1	IB I:	von 106 bis 106	aufwärmen, ruhige Dauermethode nur Fettverbrennung
G 2	IB II:	von 127 bis 127	Dauermethode
K3	IB II:	von 135 bis 143	Kraftprogramme, niedrige Trittfrequenz
EB	IB III:	von 143 bis 159	Tempodauermethode, ext. Intervalle, Fahrtspiel
SB	IB IV:	von 159 bis max	intensives Intervalltraining/ WK-Intens kurz

	27.08.97	21.12.00	12.04.01	09.01.02	09.04.02	22.11.02
Gewicht (kg):	75,5	71,0	74,0	71,5	69,4	72,7
Körperfettanteil/%	9,5	7,5	8,5	6,2ll	5,8ll	8,2
max. Leistung W/kg	5,74	5,99	5,99	6,27	5,96	5,74

Das Gewicht ist (nur bezogen auf den Fettanteil)

72,7 — sehr gut aus gesundheitlicher Sicht
8,2 — sehr gut aus gesundheitssportlicher Sicht
5,74 — optimal aus leistungssportlicher Sicht

Leistungsdiagnostik:
Die persönlichen Kurven

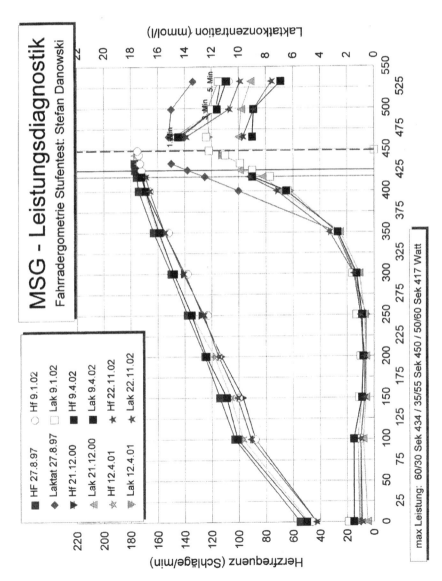

Trainingsvorgaben MSG Stevens-Jeantex Team

Datum		Zeit	Intensität	Int.	Umf/Wo	Zeit	Intensität	km	R-Hf	KG	Bemerkungen
		VORGABE				**DURCHGEFÜHRT**					Lauf morgens oder nach Krafttr.
14.10.2002	Mo	Kraft: Kraftausdauer: 50-60% der Maximalkraft 15-25 Wiederholungen 3 Serien + Bauch u. Rücken									
15.10.2002	Di	2,5	I								Lauf 30 Min IB II
16.10.2002	Mi	Kraft: Kraftausdauer: 50-60% der Maximalkraft 15-25 Wiederholungen 3 Serien + Bauch u. Rücken									
17.10.2002	Do	3	II	4x5´							Lauf 30 Min IB II
18.10.2002	Fr	frei	frei	frei							
19.10.2002	Sa	3	I								MTB Training
20.10.2002	So	3,5	II	2x15´							
21.10.2002	Mo	Kraft: Kraftausdauer: 50-60% der Maximalkraft 15-25 Wiederholungen 3 Serien + Bauch u. Rücken									Lauf 45 Min IB II
22.10.2002	Di	3	I								
abends	Di	1,5	Indoor Biking eher Kraftorientiert (Bereiche I und II)								3x7 min K3
23.10.2002	Mi	Kraft: Kraftausdauer: 50-60% der Maximalkraft 15-25 Wiederholungen 3 Serien + Bauch u. Rücken									Lauf 45 Min IB II
24.10.2002	Do	2,5	II	7x3´							
abends	Do	1,5	Indoor Biking eher Kraftorientiert (Bereiche I und II)								
25.10.2002	Fr	Kraft: Kraftausdauer: 50-60% der Maximalkraft 15-25 Wiederholungen 3 Serien + Bauch u. Rücken									
26.10.2002	Sa	frei	frei	frei							
27.10.2002	So	4,0	I	Motoriktraining 3 x 5 km 110U/min			als 2er oder 4 Mannschaft.				
28.10.2002	Mo	Kraft: Kraftausdauer: 50-60% der Maximalkraft 15-25 Wiederholungen 3 Serien + Bauch u. Rücken									Lauf 45 Min IB II
29.10.2002	Di	2,5	II								
abends	Di	1,5	Indoor Biking eher Kraftorientiert (Bereiche I und II)								3x7min K3
30.10.2002	Mi	frei	frei	frei							
31.10.2002	Do										
	Do	Untersuchunngen: Carolin ,Timo, Dano,Johannes, Sandra, Moritz,Flo									
01.11.2002	Fr	Kraft: Kraftausdauer: 50-60% der Maximalkraft 15-25 Wiederholungen 3 Serien + Bauch u. Rücken									Lauf 30 Min IB II
02.11.2002	Sa	3	II	3x8´							MTB
03.11.2002	So	4	I	Motoriktraining 3 x 5 km 110U/min							als 2 er oder 4 Mannaft.
04.11.2002	Mo	Kraft: Kraftausdauer: 50-60% der Maximalkraft 15-25 Wiederholungen 3 Serien + Bauch u. Rücken									
05.11.2002	Di	-	-								Lauf 30 Min IB II
abends	Di	1,5	Indoor Biking eher Kraftorientiert (Bereiche I und II)								5x7minK3
06.11.2002	Mi	Kraft: Kraftausdauer: 50-60% der Maximalkraft 15-25 Wiederholungen 3 Serien + Bauch u. Rücken									
07.11.2002	Do	3	II	7x3´							
abends	Do	1,5	Indoor Biking eher Kraftorientiert (Bereiche I und II)								5x7min.K3

Datum	Tag										
08.11.2002	Fr	Kraft: Kraftausdauer: 50-60% der Maximalkraft 15-25 Wiederholungen 3 Serien + Bauch u. Rücken									Lauf 45 Min IB II
09.11.2002	Sa	3	II	3x10´							MTB
10.11.2002	So	4	II								
11.11.2002	Mo	Kraft: Pyramide Maximalkraft 10 X 75% 8 X 85, 6 X 90, 5X90 3 Serien + Bauch und Rücken									Lauf 45 Min IB II
12.11.2002	Di	2,5	I								
abends	Di	1,5	Indoor Biking eher Kraftorientiert (Bereiche I und II)								5x7min.K3
13.11.2002	Mi	Kraft: Pyramide Maximalkraft 10 X 75% 8 X 85, 6 X 90, 5X90 3 Serien + Bauch und Rücken									
14.11.2002	Do	2,5	II	4x8´							
abends	Do	1,5	Indoor Biking eher Kraftorientiert (Bereiche I und II)								5x7min.K3
15.11.2002	Fr	Kraft: Pyramide Maximalkraft 10 X 75% 8 X 85, 6 X 90, 5X90 3 Serien + Bauch und Rücken									
16.11.2002	Sa	3	I	Motoriktraining 3 x 5 km 110U/min							Lauf 45 Min IB II
17.11.2002	So	4	II	2x20´	dann I 90 km zurück						
18.11.2002	Mo	Kraft: Pyramide Maximalkraft 10 X 75% 8 X 85, 6 X 90, 5X90 3 Serien + Bauch und Rücken									
19.11.2002	Di	3	I								
abends		1,5	Indoor Biking eher Kraftorientiert (Bereiche I und II)								5x7min.K3
20.11.2002	Mi	Kraft: Pyramide Maximalkraft 10 X 75% 8 X 85, 6 X 90, 5X90 3 Serien + Bauch und Rücken									Lauf 30 Min IB II
21.11.2002	Do	3	II	4x5´							
abends	Do	1,5	Indoor Biking eher Kraftorientiert (Bereiche I und II)								5x7min.K3
22.11.2002	Fr	frei	frei	frei							
23.11.2002	Sa	4	I	Motoriktraining 4 x 5 km 110U/min							
24.11.2002	So	4,5	I								Lauf 30 Min IB II
25.11.2002	Mo	Kraft: Pyramide Maximalkraft 10 X 75% 8 X 85, 6 X 90, 5X90 3 Serien + Bauch und Rücken									
26.11.2002	Di	3	II								
abends		1,5	Indoor Biking eher Kraftorientiert (Bereiche I und II)								5x7min.K3
27.11.2002	Mi	Kraft: Pyramide Maximalkraft 10 X 75% 8 X 85, 6 X 90, 5X90 3 Serien + Bauch und Rücken									
28.11.2002	Do	3	II	6x5´							
abends		1,5	Indoor Biking eher Kraftorientiert (Bereiche I und II)								5x7min.K3
29.11.2002	Fr	Kraft: Pyramide Maximalkraft 10 X 75% 8 X 85, 6 X 90, 5X90 3 Serien + Bauch und Rücken									
30.11.2002	Sa	3,5	I	Motoriktraining 4 x 5 km 110U/min							
01.12.2002	So	4	I								Lauf 45 Min IB II
02.12.2002	Mo	Kraft: Pyramide Maximalkraft 10 X 75% 8 X 85, 6 X 90, 5X90 3 Serien + Bauch und Rücken									
03.12.2002	Di	FREI	FREI	FREI							
03.12.2002	DI										
04.12.2002	Mi	Anreise Trainingslager für 14 Tage Mallorca									
05.12.2002	Do	5									

Trainingsplan vor der DM 2002

Datum	Tag	Trainingseinheit
		Junioren fahren wie die Damen, P. Becker Training wie Straße in weiß aber immer 1h weniger
17.06	Mo	alle Straßentraining, aber nur für die, die nicht in Willingen waren, Damen 3h, Herren 4h G1/G2 mit ca.80-85 U/min
17.06	Mo	Für alle die MTB fahren + Damen 3h G1/G2 mit ca. 80-85 U/min.
18.06	Di	Für alle die MTB fahren + Damen Straßentraining 3h, 1h mit Kraft max. Gang; Puls ca. 5-10 Schläge unter K3
18.06	Di	MTB Training 3-4h, da von 1,5h auf einer Runde mit K3. Anstieg ca. 5-7min. Am Ende Laufstrecke (laufen nur mit großen Schritten)
19.06	Mi	Für alle die MTB fahren + Damen; Training wie Freitag
19.06	Mi	Straßentraining Damen 3h und Herren 4h G1/G2 Training aber mit 100/min
20.06	Do	Für alle die MTB fahren + Damen MTB Training 2,5h, davon 1,15h auf einer Runde mit K3. Anstieg ca. 5-7min. Am Ende siehe Di.
20.06	Do	Frei kein Training
21.06	Fr	Für alle die MTB fahren + Damen: 3h G1/G2
21.06	Fr	Straßenrennen Hamburg „Rund um den Stadtpark"
22.06	Sa	Für alle die MTB fahren + Damen: 2 h MTB Training aber locker
22.06	Sa	Straßenrennen Husum
23.06	So	Straßenrennen Kiel, MTB Bad Driburg NRW Cup, Dittingen Baden Wüttem. Meisterschaft für Verena??
24.06	Mo	Frei kein Training
25.06	Di	Frei kein Training
26.06	Mi	MTB Training Herren 3h, Damen 2,5h davon 1,5h auf einer Runde mit K3 aber mit EB Puls Anstieg ca. 5-7min. am Ende Laufstrecke
27.06	Do	MTB Training Damen 2,5h Herren 3h, 1h Runde mit einem sehr steilen Anstieg max. EB nicht mehr, Belastung ca.45sec.
28.06	Fr	Frei kein Training
29.06	Sa	Vorbelastung wie immer
30.06	So	Anreise: Schwarzwälder Cup: Berger; Bayern Liga: Carolin
30.06	So	NRW Cup: Mette, Kathrin, Sandra, Johannes, Flo, Nadine, Becker, Wolfl, Timo, Moritz und Dano
30.06	So	Bad Münstertal Nöten: nach diesem Wochenende ist Anreise nach Hamburg zur Trainingsvorbereiten auf die DM
01.07	Mo	Frei kein Training
02.07	Di	Vormittags: Damen/Jun. 2h MTB Training 7X 4min EB auf einer flachen Strecke 10 min Erholung. Ca.20min Ein- und Ausfahren
02.07	Di	Nachmittags: Damen/ Junioren/Herren 2h Straßentraining 100U/min hinter einem Auto oder Motorrad
03.07	Mi	Vormittags: Damen/ Junioren/Herren 2h MTB Training. Ca.1h auf einer Runde mit Antritten von 200m, vom EB in den SB am Ende laufen.
03.07	Mi	Nachmittag: Damen/ Junioren und Herren 2h Straßentraining hinter einem Auto oder Motorrad, Herm 4x10min 4er Mannschaft EB
04.07	Do	Vormittags: Damen Junioren Herren MTB Training 2,5h auf einer Runde mit ganz kurzen Anstiegen von 20-30m ca.45 min.
04.07	Do	Nachmittags: Damen/ Junioren/Herren 2h Straßentraining 100U/min hinter einem Auto oder Motorrad
05.07	Fr	Frei kein Training
06.07	Sa	Je nach Gefühl locker MTB-Training ohne Belastung oder nachmittags Straße.
07.07	So	Keine Rennen: Tra.Damen/ Jun./Herren 3h mit verschiedenen Belastungen auf verschiedenen Runde je 30min. Hier Rennen für Carolin Bay.
08.07	Mo	Vormittags: Damen/ Herren Intervalle 10 mal 3min auf der U23 Vorbereitungs- strecke. U23/Junioren hier noch mal Kraft am Berg
08.07	Mo	Nachmittags: Damen/ Junioren/Herren 2h Straßentraining 100U/min hinter einem Auto oder Motorrad
09.07	Di	Vormittags: Damen/ Herren Intervalle 10 mal 3min auf der U23 Vorbereitungs- strecke.
09.07	Di	Nachmittags: Damen/ Junioren/Herren 2h Straßentraining 100U/min hinter einem Auto oder Motorrad
10.07	Mi	Vormittags: Damen/ Herren Intervalle 10 mal 3min auf der U23 Vorbereitungs strecke. U23/Junioren hier noch mal Kraft am Berg
10.07	Mi	Für die Salzkammergut- Fahrer ab hier frei
11.07	Do	Frei kein Training für die Bundesliga Fahrer
12.07	Fr	Für die Salzkammergut- Fahrer 1h locker rollen
13.07	Sa	Dano, Kathrin und Thomas Höllenrennen; Rest des Teams Anreise München
14.07	So	Bundesliga München: Timo, Johannes, Carolin, Verena, Olaf, Benjamin, Wolfram, Hinnerk, Mette, Sandra
15.07	Mo	Regeneration, kein Training
16.07	Di	2h lockeres Rollen in der Gruppe
17.07	Mi	Grundlagentraining 3h, Abends evtl. Rolle 1h
18.07	Do	Streckenbesichtigung: kurze Vorbelastung an den Anstiegen
19.07	Fr	Frei kein Training
20.07	Sa	Vorbelastung wie immer
21.07	Sa	Deutsche Meisterschaft Elite Schopp: 100% am Start: Carolin, Kathrin, Sandra, Timo, Wolfram, Thomas, Dano, Johannes

Meine Jahresauswertung für 2002

Auswertung für das Jahr 2001/2002

		Ruhepuls	Körper gewicht	Strassen kilometer	MTB Kilometer	Wettkampf Km	Zeit [h]	sonstige Trainingszeit [min]	Kilometer im Monat
Gesamt	Monat			1903	270	0	80	125	**2173**
Anzahle Einträge	November	25	26	17	3	0	23	5	
Durchschnitt		34,2	70	112	90	0	3	25	
Gesamt	Monat			2740	230	0	111	420	**2970**
Anzahle Einträge	Dezember	27	17	27	6	0	31	23	
Durchschnitt		35	70	101	38	0	4	35	
Gesamt	Monat			1990	100	0	73	240	**2090**
Anzahle Einträge	Januar	30	30	20	2	0	24	10	
Durchschnitt		34,5	70	100	50	0	3	24	
Gesamt	Monat			1761	445	78	77	464	**2206**
Anzahle Einträge	Februar	28	21	21	7	1	20	16	
Durchschnitt		33,9	70	84	64	78	4	29	
Gesamt	Monat			2938	420	0	116	240	**3358**
Anzahle Einträge	März	27	30	25	6	0	28	10	
Durchschnitt		34,3	69	118	64	0	4	24	
Gesamt	Monat			795	420	125	57	250	**1340**
Anzahle Einträge	April	28	25	11	6	5	25	10	
Durchschnitt		34,7	69	72	70	25	2	25	
Gesamt	Monat			535	420	432	78	162	**2037**
Anzahle Einträge	Mai	30	27	7	8	8	29	6	
Durchschnitt		35,2	69	76	53	54	3	27	
Gesamt	Monat			675	1070	390	69	200	**1890**
Anzahle Einträge	Juni	27	26	10	17	7	23	8	
Durchschnitt		34,9	69	68	63	56	3	25	
Gesamt	Monat			820	825	255	69	352	**2060**
Anzahle Einträge	Juli	29	12	6	13	2	22	11	
Durchschnitt		35,1	69	137	63	128	3	32	
Gesamt	Monat			685	985	325	72	138	**1775**
Anzahle Einträge	August	26	24	7	17	6	30	6	
Durchschnitt		34,2	69	98	58	54	2	23	
Gesamt	Monat			845	765	140	80	348	**2145**
Anzahle Einträge	September	30	28	7	16	3	25	12	
Durchschnitt		33,9	70	121	48	47	3	29	
Gesamt	Monat			0	1766	0	73	243	**1766**
Anzahle Einträge	Oktober	29	28	0	18	0	29	9	
		34,5	71	0	98	0	3	27	
Gesamt				15687	8456	1667	955	53 [h]	**25810**

Polaraufzeichnung vom 11 Stunden Marathon

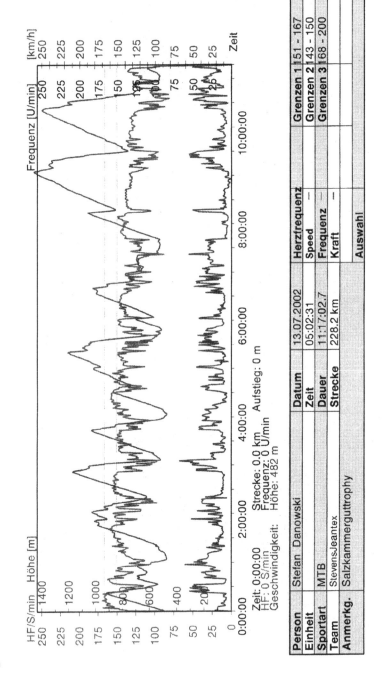

Person	Stefan Danowski	Datum	13.07.2002	Herzfrequenz		Grenzen 1	151 - 167
Einheit		Zeit	05:02:31	Speed	---	Grenzen 2	143 - 150
Sportart	MTB	Dauer	11:17:02.7	Frequenz	---	Grenzen 3	168 - 200
Team	StevensJeantex	Strecke	228.2 km	Kraft	---		
Anmerkg.	Salzkammerguttrophy			Auswahl			

Zeit: 0:00:00   Strecke: 0.0 km   Aufstieg: 0 m
HF: 0 S/min   Frequenz: 0 U/min
Geschwindigkeit: Höhe: 482 m

Lightning Source UK Ltd.
Milton Keynes UK
UKHW021223070919
349343UK00005B/68/P